读懂投资　先知未来

大咖智慧
THE GREAT WISDOM IN TRADING

成长陪跑
THE PERMANENT SUPPORTS FROM US

复合增长
COMPOUND GROWTH IN WEALTH

一站式视频学习训练平台
WWW.DUOSHOU108.COM

铁 血 战 记

只 铁 著

山西出版传媒集团
山西人民出版社

图书在版编目（CIP）数据

铁血战记 / 只铁著. —太原：山西人民出版社，
2019.5（2023.5重印）
 ISBN 978-7-203-10477-3

Ⅰ.①铁… Ⅱ.①只… Ⅲ.①股票投资–基本知识
Ⅳ.①F830.91

中国版本图书馆 CIP 数据核字（2018）第 165385 号

铁血战记

著　　者：只　铁
责任编辑：秦继华
复　　审：傅晓红
终　　审：阎卫斌

出　版　者：山西出版传媒集团·山西人民出版社
地　　　址：太原市建设南路 21 号
邮　　　编：030012
发行营销：0351-4922220　4955996　4956039　4922127（传真）
天猫官网：http://sxrmcbs.tmall.com　电话：0351-4922159
E - mail ：sxskcb@163.com　发行部
　　　　　　sxskcb@126.com　总编室
网　　　址：www.sxskcb.com

经　销　者：山西出版传媒集团·山西人民出版社
承　印　者：■廊坊市祥丰印刷有限公司

开　　　本：710mm×1000mm　1/16
印　　　张：21.5
字　　　数：130 千字
版　　　次：2019 年 5 月　第 1 版
印　　　次：2023 年 5 月　第 2 次印刷
书　　　号：978-7-203-10477-3
定　　　价：78.00 元

如有印装质量问题请与本社联系调换

序

广袤的南中国海，黄昏残日，渔帆晚归。

一行人出海远钓归来，喜悦中带有些许疲惫。如果碰巧此刻遇到一个熟悉股市的资深人士，他会惊讶地发现，这行人中为首的正是曾经纵横股市的只铁先生；而他身后的一群人，也各自是今天资本市场上引领一方的精英。

海面平静，却曾掀起巨浪。

20世纪90年代，只铁先生横空出世，以精准铁血的操盘，老练系统的操盘，科学化的大规模资金作战，震撼了尚显稚嫩的中国证券市场，被誉为"魔鬼只铁"。当时，A股正处于最暗无天日的庄股时代，各路庄家动辄控制数千至上万个账户，肆意操纵价格，以最草莽暴力的方式野蛮生长。散户停留在听风跟庄的原始阶段。市场上知名的所谓高手、大师，也还在靠"一招鲜"以某个指标形态或者修改参数之类说教。就在这个时候，2000年，只铁出版《短线英雄》，首倡专业化投资、科学化管理、交易系统、铁血纪律、心态控制、资金管理、魔鬼训练……这些理念今天已经被写进各种教科书，在当时却属于闻所未闻，甚至"骇人听闻"，生生地惊醒了一大批有志于投资却又迷惑中的股市弄潮儿，当然也触怒了不少人。短短几年间，只铁一气呵成，凭借深厚的功力，连续写出《铁血战记》《战无不胜》《铁血短线》《多空英雄》，将只铁交易体系以及只铁投资哲学呈现在国内投资者面前，这些领先时代的经典交易著作，不论当时还是今天，都属绝无仅有。这些著作让大批投资者深受启发，遵照书中的指导进行了严格的训练，建立、完善自己的交易体系，开启了专业化投资之旅。

现在的读者很难想象，当年只铁的书火到什么程度。说是"有证券营业厅的地方，就有只铁的书；有股民的地方，就有只铁的书"，应该一点不为过。而要参加只铁的面授培训，仅仅想要取得报名资格就必须将《短线英雄》手工抄写 5 遍。坊间有人将据说是只铁的几页资料装进文件袋里销售，卖 3000 元一份，竟然四面八方电话求购，供不应求。电视台、报纸的记者想约采访，根本约不到。某证券大报的头牌记者，想尽各种招数，才终于获得 10 分钟的采访时间。

只铁先生还有另一项无人企及的成就，第一个也是唯一一个在当时准确预判出六大庄股的失败。20 世纪 90 年代至 2000 年初，几大著名庄股在一段时间内长袖善舞，市场上长庄、善庄的说法甚嚣尘上，很是迷惑了大批股民。只铁先生以其对坐庄模式的精深造诣，指出这些庄股必将失败。许多股民由此惊醒，逃过一劫。2000 年中科创业崩盘，2001 年亿安科技梦碎，银广夏造假曝光，2004 年德隆系垮台。时间证明了一切。多年后，老股民依然清晰记得只铁先生在世纪初一针见血地指出"许多庄家正处于痛苦万分之中，长庄就是笨庄，高控盘的长庄运行模式是一种彻底失败的模式"。可以说，魔鬼的预言终结了一个时代。

出海钓鱼是只铁先生在繁忙的投资工作之余的一大爱好。春下南洋，冬上黄渤。一群功成名就的弟子，时常伴随左右。这些年，只铁选择了淡出媒体漩涡，远离人群，重归宁静。面对毁誉，只铁说"我不予理会，懒得解释，我依然是我"。这多少带着几分无奈。当年在只铁名气如日中天的时候，诽谤也随之而来，一篇被人大肆宣扬的扭曲文章将只铁推向风口浪尖。文章作者声称有一名只铁的学生、北京股民陈东炒股亏损500万，然后借陈东之口对只铁进行所谓揭发。只铁当即回应，如果谁能找到这个陈东，立马给他500万。此事事起突然，虽然事后只铁知道了黑手来自何方，但当时只铁的抗议只能是瞬间被掩盖在喧嚣声浪中。这让只铁一度极为愤慨，以至于当2013年得知两高出台司法解释，诽谤信息转发500次可判刑时，只铁如老顽童般高呼拥护。这一切加重了只铁对媒体的不信任和不搭理。从此他选择离开。

熟悉只铁的人，都知道他涉猎广泛，多才多艺。离开公众，反而给了他更大的自由空间和更多的时间。只铁曾经用三年多的时间玩摄影，作品达到了非常专业的水准，在国际前卫摄影艺术杂志 Surface 上发表了跨页的人文照片。只铁还拜入太极宗师门下，练习吴式太极拳，只用一年时间，就全面超越了教科书的标准。只铁练拳三个月时录制的练拳视频，就获得肯定，被作为同门练拳的样板。固然只铁先生天赋绝佳，但是只铁自认为比天赋更重要的，是如他的著作中一贯所言的勤奋专注，他坚持孤独地和自己对话。投资如此，其他领域也如此。

今天的只铁先生悠游山水之间，隐身机构幕后，这几年市场上几个重大项目背后都有他的运作。而投资之余，只铁先生最欣慰的事情是弟子们均成绩不俗，除了杨文勇等人已成为股票、期货领域顶尖高手以外，其训练的宁波敢死队一部，亦已从粗放式出击向专业精细化攻击转型。这也正是桃李不言，下自成蹊吧！

前言　专业思想胜似百万雄兵

　　自《短线英雄》和《铁血短线》两书面市以来，作者接到了大量的读者来信，他们都非常喜欢书中的实战日记，并在信中一再要求作者编写更多的实战案例以提高他们的临盘实战操作能力，一致反映通过反复体会这些精细的专业实战做盘细节，其实战看盘和操作水平都出现了质的飞跃。作者为此感到无比欣慰。因此，本书全部以实战过程和专业化训练方法为内容进行编写，以答谢广大读者对作者的厚爱。

　　《短线英雄》和《铁血短线》两本书不仅得到普通投资者的厚爱，也唤起了目前国内证券市场中有着雄厚资金实力的超级主力机构对作者一直倡导的"专业化投资，科学化管理"思想的真正重视。

　　而当时亿安科技操盘手之一的广东某位人士，更是惊讶于《短线英雄》一书对市场主力做盘手法和做盘细节的准确描述，竟然与他们当时的实际运作情况惊人地一致，因而慕名专程拜访司徒先生虚心请教（详见《新短线英雄》一书）。

　　这些平时被广大股民和众多股评家奉若神明的机构主力主动来联系的原因无非是两点：一是寻找失败的根源；二是看到图书面市后对投资界产生的巨大影响，也想找到今后对付市场跟风盘的更好方法。从中我们可以清楚地看到，所谓主力机构主力的日子也越来越不好过。

　　在证券市场上资金从来都不是万能的，只有真正树立起科学化的投资原则，并用专业化的管理方法去规范自己的投资行为，实战的成功才能得到根本的保障。所以投资失败的根源其实并不难找到，至于那些破解方法也就是所谓的技术骗线，在交流后他们都一致同意作者所提出的大级别、大周期图表不可能做骗线的论断。这其实早在 2001 年年初作者接受《证券时报》采访时就已经说得很清楚了。

　　当然，缺乏专业化、科学化的投资管理原则是投资失败的一个重要因素，但如果缺乏了起码的做人道德和原则，那无论技术分析水平有多高明，投资失败是其最终的唯一下场。现在市场上打着作者名义的图书、教学光盘和网站、投资操盘培训以及各种只铁技术软件比比皆是，给无数善良的投资者带来了巨大的经济损失。更令人不解的是某些国内知名的大公司，居然也在伪造作者的内部资料以招揽生意并出售盗版光盘。利用一些投资者急于学成的心理，用欺诈的手段给他们造成了不可挽回的经济损失。对此作者深感愤怒，并将委托法律顾问与其进行严正交涉。

　　在此，作者再次郑重声明，在本书撰写之前公开出版的只有《短线英雄》和《铁血短线》两本书以及一套实盘讲解教学视频——《铁血短线》（凡购买作者正版图书的读者，可登录合作出版商的交易学习社交平台——"舵手汇"网站免费观看）。而大家现在看到的这本书与随后出版的《新短线英雄》（《短线英雄》修订本）《战无不胜》《多空英雄》也是作者授权出版的专著。除此以外其他任何以作者名义出版的图书、光盘及网站、培训活动等均属假冒及欺诈行为。希望广大投资者擦亮眼睛，不要被一时的小利所迷惑，最终给自己带来不应有的损失。对于这些假冒作者名义、非法盗版的各种欺诈行为，作者会以相应的法律手段进行追究。

做股票如同做人，炒股最终就是炒心。我坚信一些投资者经过一定时间的刻苦学习和专业化训练，掌握科学化、专业化的投资本领并不是什么太难的事情。而那些没有起码的做人之道、心术不正的人，无论怎样挖空心思，最终还是难以达到成功的大境界。所以做股票易，做人难。对此，作者深信不疑。

目　录

下篇
专业训练，铸就成功——实战擂台成果

千锤百炼，指手为剑

上篇

——征战沙场战例日记精解

　　本篇收录了作者在 1999 年 10 月至 12 月期间率领大资金会员在大盘处于下降通道之中、市场一片悲观之时所进行的坚苦卓绝战斗的实例。其间大盘从 1568 点大跌至 1341 点，跌幅为 15%，而我们的会员 3 个月获利 260%。专业战法的威力由此可见。

第1章 艺高胆大，公孙舞剑

大规模集团资金在同一时间段、同一板块股群上进行的持续性强势上攻行情称之为群庄行情。它具有爆发力强，所形成的热点持续时间较长等主要特征。正是因为如此，它成为我们在实战中最有捕捉价值的重大战机，集安全与暴利于一身。其原因在于大规模集团资金的进出运作行为绝对不是简单和粗糙的，群庄细致与周密的计划、志在必得的气势可以为我们的安全获利提供最大的保障。任何专业投资人士都应该有能力牢牢把握住这样的机会。

在实战中，只有大规模集团资金进行运作才可能形成热点板块股群持续上攻的行情特征。具体在盘中表现为同一板块的股票涨幅和量比均排在第一板，则可以判断该板块就是盘中热点，至于是否是集团资金在运作，则需要观察该热点能否持续、有无领涨股以及当天是否涨停。目标股只属主流热点板块是选股的首要条件。在实际操作中，一旦出现这样的行情，应该在第一时间，重仓参与而决不能犹豫不决、患得患失，更不用担心什么其他的外在因素，因为这些都由聪明的市场主力考虑好了，不必杞人忧天。有关如何能够更好地把握热点与焦点，投资者可以参看由作者实盘主讲的《铁血短线》教学视频。

如下的战例，就是发生在深圳本地地产股板块中，深万科、深金田和上海浦东板块中的外高桥及科技股板块中方正科技、天大天财的群庄运作行情。同一时期，这三个板块中的其他股票也走出了类似的行情，区别只是在于上升力度的大小。透过这些行情战役，投资人务必从中领悟专业思维和专业战法的精髓。

深万科战例日记

【11月5日盘中】

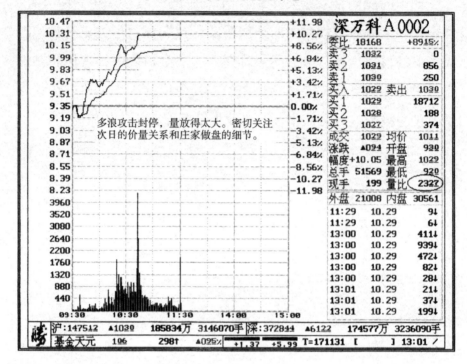

多浪攻击封停，量放得太大。密切关注次日的价量关系和庄家做盘的细节。

盘口解读：短线买点出现

◇ 同一板块的其他股票也跃跃欲试，位居涨幅前列。

◇ 盘中回落时均是短线买点，有板块热点介入最安全。

◇ 当日量太大且是多波封停，次日密切关注价量关系和市场主力做盘细节。

操盘手记：

◇ 当日首度放量攻击，果断介入。

【11 月 5 日】

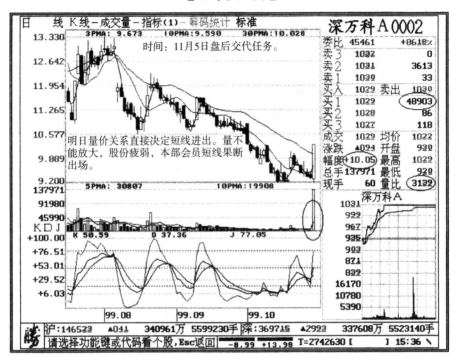

盘口解读：

◇ 从当日 K 线形态分析，量有过于巨大之嫌。

◇ 股价触及下降通道上轨，压力沉重。

◇ 次日量价关系决定短线进出。

操盘手记：

◇ 如果热点不能持续，成交量萎缩，股价走势疲软，则果断
　　出局。

【11 月 8 日盘中】

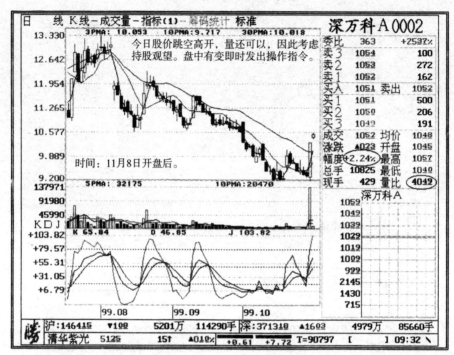

盘口解读：跳空离开

◇ 当日跳空高开表明强势。

◇ 量比非常大。

操盘手记：

◇ 暂时还可持股观望。

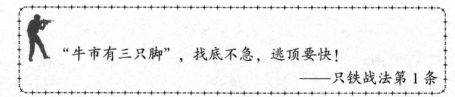

"牛市有三只脚"，找底不急，逃顶要快！

——只铁战法第 1 条

【11月8日盘中】

		深万科A0002	
10.64	+3.40%	委比	-106	-88%
10.59	+2.92%	卖3	1056	506
10.54	+2.43%	卖2	1055	36
10.49	+1.94%	卖1	1054	113
10.44	+1.46%	买入	1053 卖出 1054	
10.39	+0.97%	买1	1053	5
10.34	+0.49%	买2	1051	17
10.29	0.00%	买3	1051	527
10.24	-0.49%	成交	1054 均价 1049	
10.19	-0.97%	涨跌	▲025 开盘 1045	
10.14	-1.46%	幅度	+2.43% 最高 1057	
10.09	-1.94%	总手	12009 最低 1040	
10.04	-2.43%	现手	877 量比 4678	
9.99	-2.92%			
9.94	-3.40%	外盘 8700 内盘 3309		

股价遭排炮式攻击，连回落震仓都不愿展开强势凸现。持股不动！

时间：11月8日盘中思考。

09:31	10.49	400↓
09:31	10.49	376↑
09:31	10.55	265↑
09:31	10.54	167↑
09:32	10.55	386↑
09:32	10.55	179↑
09:32	10.52	892↓
09:32	10.52	429↑
09:32	10.52	307↑
09:32	10.54	877↑

沪:146374 ▼142 5915万 128240手 深:371599 ▲1874 5493万 92200手

补分时： SH 600102 OK +1.89 +8.19 T=93824 [ ] 09:32

盘口解读：连续大手笔攻击

◇ 高开后直线冲高。

◇ 盘口全是大单排炮式攻击。

操盘手记：

◇ 强势凸显，持股不动。

战无不胜的真正含义——不胜不战！

——只铁战法第 2 条

【11 月 8 日盘中】

精细解析庄家做盘细节后，断定此刻的回落无关大局，今日攻击收阳应成定局。本部会员持仓待涨。

时间：11月8日盘中　此刻大盘跌了2点。好股总是突出的。

深万科A 0002

盘口解读：逆市上攻

◇ 股价开始回落，但在均价线附近受到明显支撑。

◇ 盘口几乎不见大的抛单。

◇ 此刻的回落应是攻击途中的暂时歇息。

◇ 收阳应成定局。

　　成功的投资 = 严格的心态控制+正确的资金管理+过硬的技术功力。

——只铁战法第 3 条

【11 月 8 日盘中】

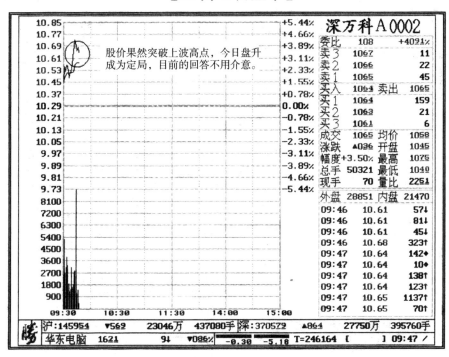

盘口解读：

◇ 经历第一次回落之后股价再次被抬高。

◇ 其高度远高于第一波高点。

◇ 市场主力当日做高意图明显。

◇ 不必在意盘中小小的回落。

刻苦训练、深刻领悟、忍受常人不能忍受的痛苦是成为专业短线高手的唯一途径。除此之外绝对没有第二种方法。

——只铁战法第 4 条

【11 月 8 日盘中】

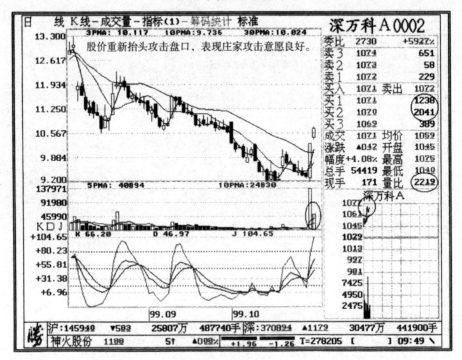

盘口解读：放量攻击

◇ 股价重新抬头攻击。

◇ 盘口看市场主力攻击意愿较强。

◇ 接盘踊跃坚决。

◇ 成交量配合理想。

> 短线高手必须具备良好的专业心理素质，正确的资金管理方法和过硬的专业技术功力。这是短线高手赖以生存的根本！
>
> ——只铁战法第 5 条

【11 月 8 日盘中】

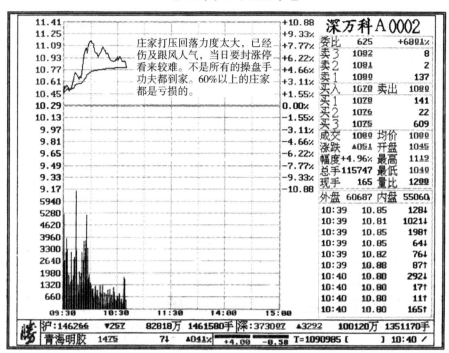

庄家打压回落力度太大，已经伤及跟风人气，当日要封涨停看来较难。不是所有的操盘手功夫都到家。60%以上的庄家都是亏损的。

盘口解读：回落幅度大

◇ 上攻之后回落幅度太大。

◇ 10：00 以后就开始一波低于一波的走势。

◇ 此时已回落至当日市场平均成本附近。

◇ 跟风人气已经受到打击。

操作的质量远远重要于操作的数量。

——只铁战法第 6 条

【11月8日盘中】

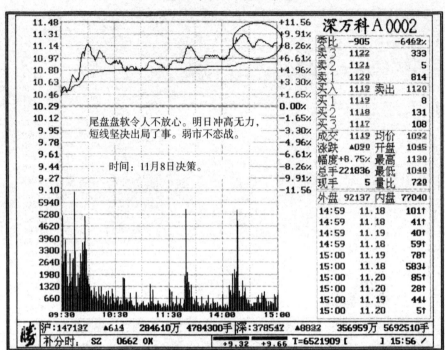

盘口解读：尾盘盘软

◇ 从尾盘情况看逐波走软。

◇ 看来次日调整的可能性很大。

操盘手记：

◇ 次日冲高无力，则短线坚决派发。

◇ 毕竟大盘处于弱市。

【11 月 8 日】

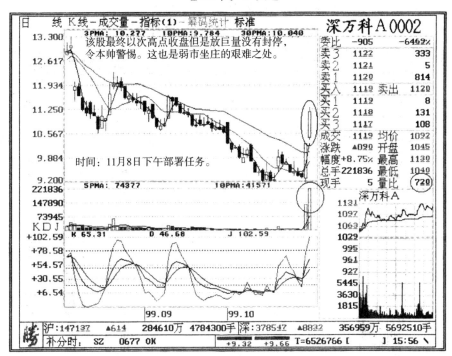

盘口解读：巨量不封停

◇ 当日放出巨量。

◇ 可惜没有封停。

操盘手记：

◇ 次日要小心，如果量能不能维持意味着短线调整。

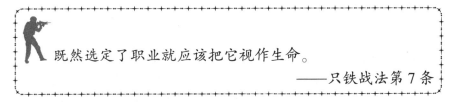

既然选定了职业就应该把它视作生命。

——只铁战法第 7 条

深金田战例日记

【11月5日盘中】

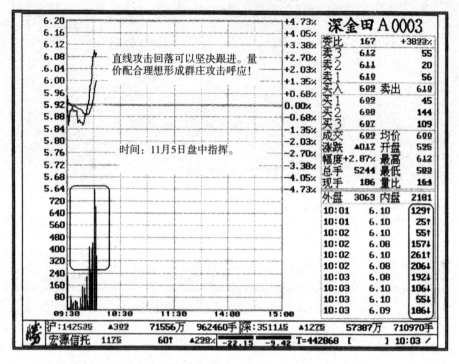

直线攻击回落可以坚决跟进。量价配合理想形成群庄攻击呼应!

时间:11月5日盘中指挥。

盘口解读:放量攻击

◇ 该股当日放量直线攻击,势头强劲。

◇ 量价配合理想。

◇ 此时深圳本地地产股已形成群庄攻击效应。

操盘手记:

◇ 盘中回落坚决进场。

【11 月 5 日】

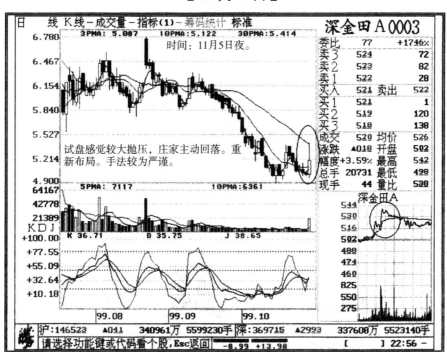

盘口解读：抛压较大

◇ 市场主力经过试盘感觉抛压较大主动放弃上攻。

◇ 市场主力的做盘手法较为严谨。

操盘手记：

◇ 密切关注市场主力举动。

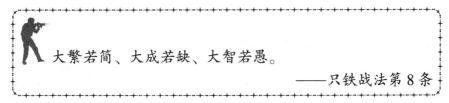

大繁若简、大成若缺、大智若愚。

——只铁战法第 8 条

【11月8日】

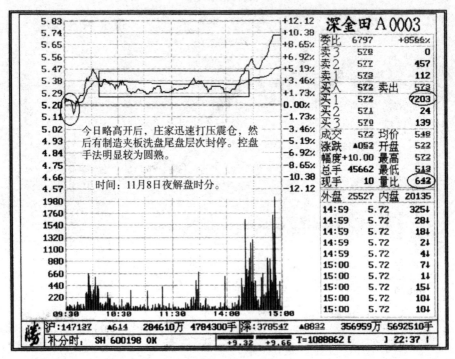

今日略高开后，庄家迅速打压震仓，然后有制造夹板洗盘尾盘层次封停。控盘手法明显较为圆熟。

时间：11月8日夜解盘时分。

盘口解读：复合手法洗盘

◇ 当日略高开盘，然后迅速打压震仓。

◇ 市场主力在全日大部分时间都制造夹板洗盘。

◇ 尾盘拉起三浪封停。

◇ 由此看出市场主力控盘手法明显较为圆熟。

> 对股市经典的现象和本质的规律，多看、多练、多背是形成专业化条件反射操作本能的关键。
>
> ——只铁战法第9条

【11 月 9 日盘中】

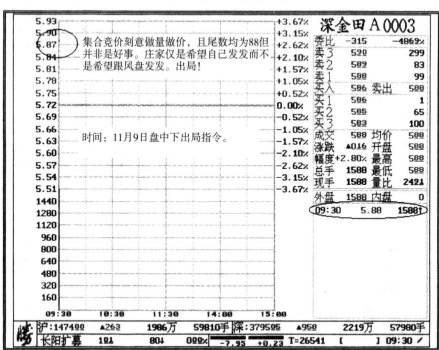

盘口解读：刻意做盘

◇ 当日大手笔高开。

◇ 但刻意做盘迹象明显。

◇ 同一板块的深万科当日低开已露疲态。

操盘手记：

◇ 市场主力是不会希望跟风盘有太多获利的，先短线出局
再说。

【11月9日盘中】

庄家果然大举减仓，逢高坚决出局成为实战第一考虑。

时间：11月9日盘中点评。

	深金田 A0003	
委比	49	+810%
卖3	565	158
卖2	564	74
卖1	563	46
买入	562	卖出 563
买1	562	72
买2	561	11
买3	560	244
成交	562	均价 576
涨跌	▼010	开盘 588
幅度	-1.75%	最高
总手	13625	最低 562
现手	9	量比 1066
外盘	6807	内盘 6818

盘口解读：放量下跌

◇ 股价高开之后直线下滑。

◇ 均价线向下。

◇ 成交量放大。

操盘手记：

◇ 不出所料，市场主力果然大举减仓。

【11月9日盘中】

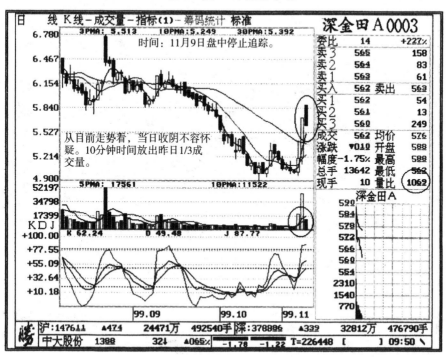

盘口解读：光头阴线

◇ 该股当日 10 分钟就放出了前一日 1/3 的成交量。

◇ 而股价是直线下跌。

◇ 看来收阴已成定局。

> 我们不能控制市场和他人，但绝对要控制自己！我们不要求每次看准，但必须要求每次做对。
>
> ——只铁战法第 10 条

【11月15日】

时间：11月15日夜研判中。

经4天下跌后，该股从小时运行细节看有杀跌停止的意味。明日不创新低考虑进场参与反弹。

深金田A 0003

盘口解读：收复前日失地

◇ 经历了4天的下跌，前两日成交量萎缩，抛盘有收手的意味。

◇ 当日略微放量收复前日失地。

◇ 如果次日不创新低，则基本可以肯定短线止跌。

操盘手记：

◇ 次日不创新低考虑重新进场。

【11 月 16 日】

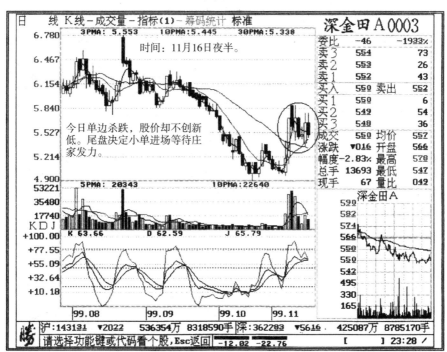

盘口解读：不创新低

◇ 当日盘中走势很弱。

◇ 成交量缩小。

◇ 虽然单边下跌但没有创出新低。

操盘手记：

◇ 尾盘小单进场。

【11 月 18 日】

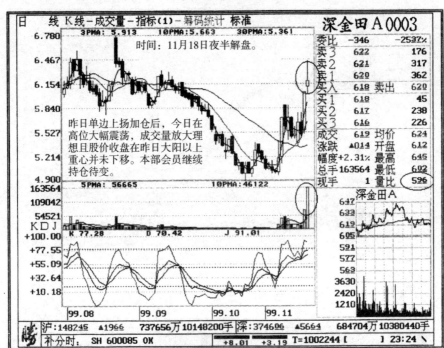

盘口解读：高位震荡

◇ 前一日单边上扬超过前期高点，量价配合理想，加仓
待涨。

◇ 当日股价高位大幅震荡。

◇ 股价重心继续上移。

操盘手记：

◇ 持仓不动静观其变。

【11 月 19 日】

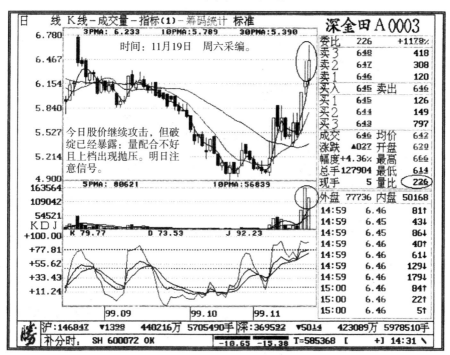

盘口解读：量价背离

◇ 股价继续攻击，但量价配合不好。

◇ 与前一日量价出现背离。

◇ 从盘中走势和 K 线形态看上档有抛压。

操盘手记：

◇ 次日必须警惕。

【11 月 22 日】

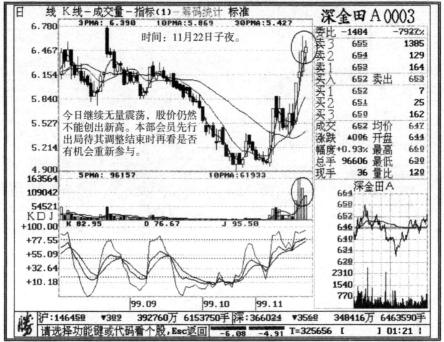

盘口解读：停止攻击

◇ 当日继续缩量震荡。

◇ 盘中未能创出新高。

◇ 即将进入调整的意图很明显。

操盘手记：

◇ 先行出局，不参与调整。

【11 月 23 日】

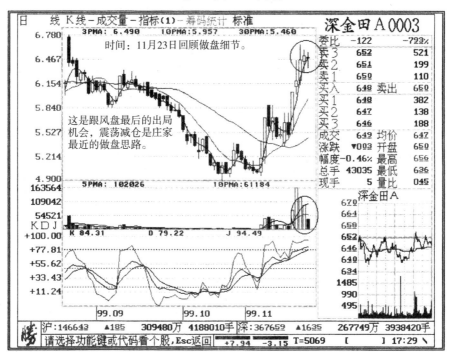

时间：11月23日回顾做盘细节。

这是跟风盘最后的出局机会，震荡减仓是庄家最近的做盘思路。

盘口解读：缩量震荡

◇ 当日缩量震荡，股价没有创出新高。

◇ 从图中圆圈内的 K 线组合看短线攻击已经消失。

◇ 市场主力最近的做盘思路就是震荡减仓。

◇ 该板块中的其他股票也已失去攻击力。

操盘手记：

◇ 至此，不能再恋战了，这是跟风盘最后的出局机会。

外高桥战例日记

【10月29日】

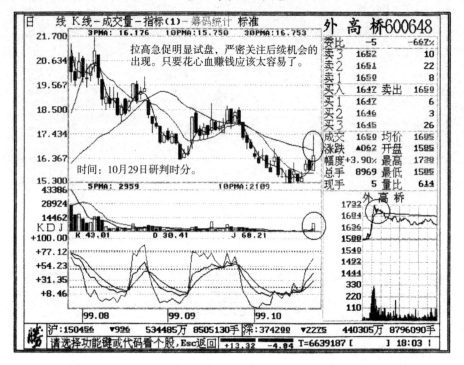

盘口解读：试盘

◇ 急促放量上攻，留下长长的上引线。

◇ 是典型的市场主力试盘行为。当日浦东板块都出现类似特征。

操盘手记：

◇ 既然市场主力已经开始试盘，我们又有什么理由不去关注呢？

◇ 只要肯花心血研究，哪里会没有钱赚？

【11 月 5 日】

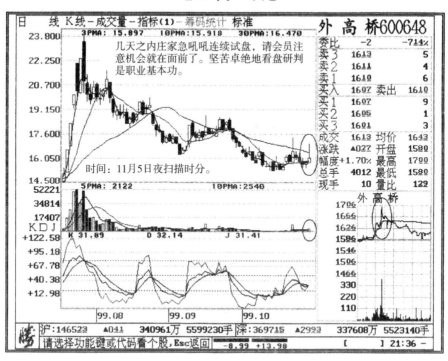

盘口解读：再次试盘

◇ 几天之内市场主力连续试盘只能说明其心情急切。

◇ 又是整个浦东板块都出现类似走势。

操盘手记：

◇ 看来机会已经离得不远了。

◇ 但不要着急，也不必担心踏空，从技术图形看还不具备大
幅上扬的条件。

【11 月 16 日】

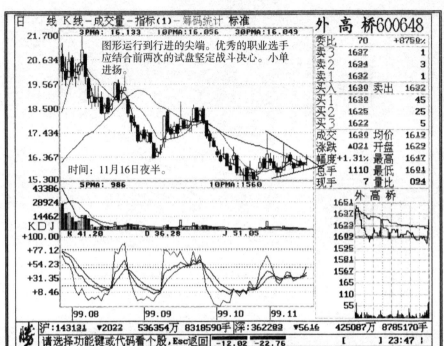

图形运行到行进的尖端。优秀的职业选手应结合前两次的试盘坚定战斗决心。小单进扬。

时间：11月16日夜半。

盘口解读：三角形整理末端

◇ 典型的三角形整理，目前已运行到应该产生突破的地方。

◇ 当日走势非常微妙。

◇ 同一板块中陆家嘴当日已开始启动，但其中长期图形不如该股。

操盘手记：

◇ 结合近期市场主力急乎乎的两次试盘，不妨小单进场参与。

【11 月 17 日盘中】

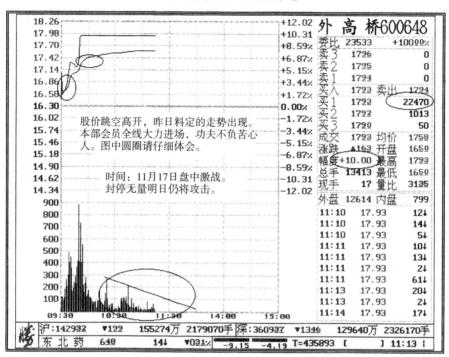

股价跳空高开，昨日料定的走势出现。本部会员全线大力进场，功夫不负苦心人。图中圆圈请仔细体会。

时间：11月17日盘中激战。封停无量明日仍将攻击。

盘口解读：强劲攻击

◇ 跳空高开放量向上攻击。

◇ 早就盯上它了，岂有不全线进场的道理？黑马可不能放跑。

◇ 五波封停经典走势。浦东板块已经出现主力联合攻击效应。

◇ 巨量封单成交萎缩，后市坚决看好！

操盘手记：

◇ 看来真是功夫不负有心人啊。

【11 月 18 日开盘】

跳空大单高开，后续走势必然乐观。
不光坚定持股，无股仍然可以追涨。

时间：11月18日集合竞价时分。

外 高 桥 600648

盘口解读：强势依旧

◇ 跳高 4.91% 开盘。

◇ 集合竞价成交达 5 万股。

◇ 可以肯定短线行情必然乐观。

操盘手记：

◇ 坚定持股信心，无股还可追涨。

【11 月 18 日盘中】

19.19		+7.03%	**外高桥600648**
19.01		+6.02%	
18.83	股价小幅回落，强势特征明显。逢低	+5.02%	委比　　-260　　-6341%
18.65	坚决进场，有备而来庄家不会就此罢	+4.02%	卖3　　1875　　　11
18.47	休！	+3.01%	卖2　　1871　　　11
18.29		+2.01%	卖1　　1870　　　313
18.11		+1.00%	买入　　1869　卖出　1870
17.93		0.00%	买1　　1869　　　5
17.75		-1.00%	买2　　1864　　　50
17.57		-2.01%	买3　　1863　　　20
17.39	时间：11月18日盘中　职业高手与业余	-3.01%	成交　　1862　均价　1873
17.21	选手的区别就是敢于以最快速度展开操	-4.02%	涨跌　▲076　开盘　1881
17.03	作，把握稍纵即逝的机会。	-5.02%	幅度 +4.24% 最高　1899
16.85		-6.02%	总手　　4118　最低　1852
16.67		-7.03%	现手　　47　量比　8534
2160			外盘　3085　内盘　1033
1920			09:33　　18.60　　28↑
1680			09:33　　18.60　　43↑
1440			09:33　　18.60　　84↑
1200			09:33　　18.62　　168↑
960			09:33　　18.62　　20↑
720			09:33　　18.63　　193↑
480			09:33　　18.60　　29↓
240			09:33　　18.60　　90↓
			09:33　　18.69　　60↑
09:30	10:30　11:30　14:00　15:00		09:33　　18.69　　47↑

沪:146153　▼126　35466万　314020手 深:369061　▲119　17812万　246940手
基金巨博　108　606↓　▼092% -21.80 -14.62 T=84255 [　　　] 09:33 ╲

盘口解读：

◇ 高开之后小幅回落。

◇ 但强势特征非常明显。

◇ 市场主力投入巨资，成交量大幅放大。

操盘手记：

◇ 盘中回落时就是果断买进的时机。

◇ 有备而来的市场主力不会就此罢休。

【11 月 18 日盘中】

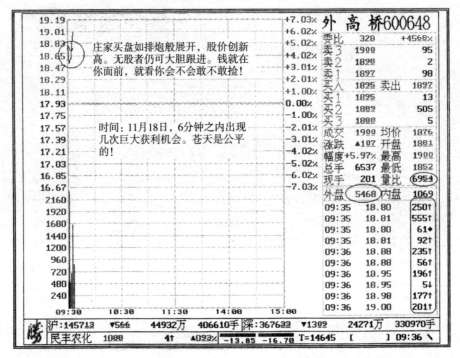

庄家买盘如排炮般展开，股价创新高。无股者仍可大胆跟进。钱就在你面前，就看你会不会敢不敢捡！

时间：11月18日，6分钟之内出现几次巨大获利机会。苍天是公平的！

盘口解读：买单密集

◇ 市场主力的大笔买单不断出现在盘口。

◇ 股价昂头而上。

操盘手记：

◇ 多么美好的机会啊，为什么不能好好把握呢？

◇ 继续持股。

【11 月 18 日】

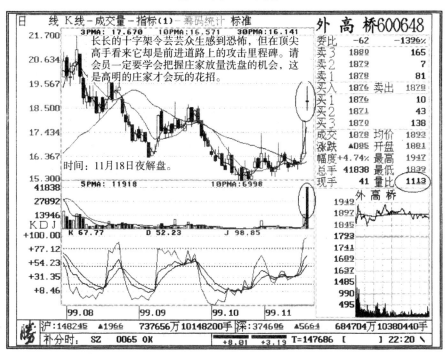

长长的十字架令芸芸众生感到恐怖，但在顶尖高手看来它却是前进道路上的攻击里程碑。请会员一定要学会把握庄家放量洗盘的机会，这是高明的庄家才会玩的花招。

时间：11 月 18 日夜解盘。

盘口解读：巨量洗盘

◇ 当日最终以一根巨量阴十字星报收，形态令人恐怖。

◇ 虽然是如此形态，但全日都没补上缺口。

◇ 股价重心上移的幅度也不小。

◇ 在顶尖高手眼中，它是前进道路上的攻击里程碑。

操盘手记：

◇ 继续持股。

【11月19日盘中】

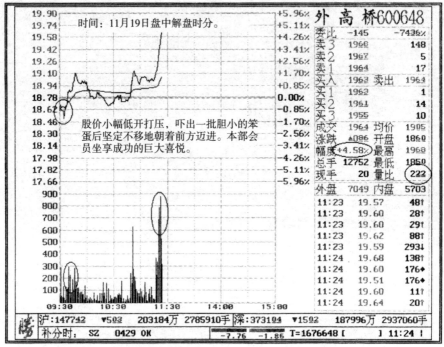

时间：11月19日盘中解盘时分。

股价小幅低开打压，吓出一批胆小的笨蛋后坚定不移地朝着前方迈进。本部会员坐享成功的巨大喜悦。

盘口解读：洗盘结束

◇ 小幅低开急挫，继续吓唬不懂技术的跟风盘。

◇ 但股价没有跌破前一日的低点，不再创新低。

◇ 围绕均价线震荡之后再次放量拉升。

◇ 市场主力虽然高明，但也逃不过顶尖高手的眼睛。

操盘手记：

◇ 继续持股。

【11 月 19 日】

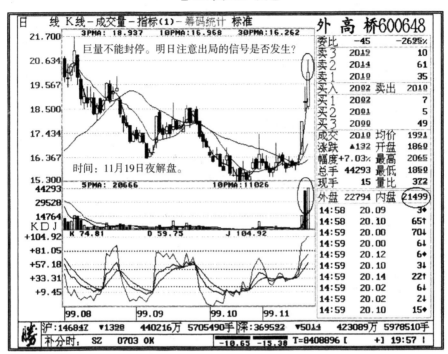

盘口解读：巨量不能封停

◇ 盘中离涨停曾仅仅只差一分钱，但却不愿去碰涨停。

◇ 在目前位置，巨量不能封停，可能有问题了。

操盘手记：

◇ 密切注意次日表现，看是否有卖出信号发生。

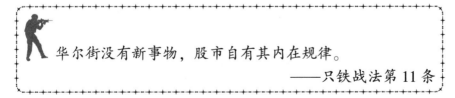

华尔街没有新事物，股市自有其内在规律。

——只铁战法第 11 条

【11 月 22 日盘中】

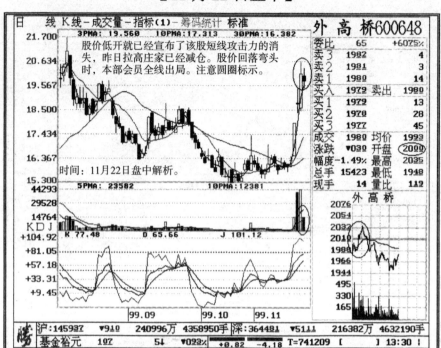

时间：11月22日盘中解析。

盘口解读：攻击结束

◇ 股价低开，成交量大幅萎缩。

◇ 短线攻击力量已经消失。

◇ 看来市场主力已经在前一日的拉高中趁着人气鼎沸减仓。

操盘手记：

◇ 对不起了，冲高回落时我们也走人了。

【11 月 22 日】

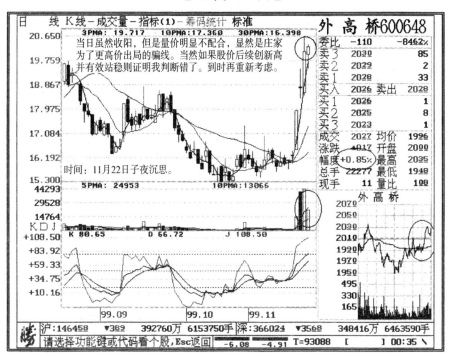

当日虽然收阳，但是量价明显不配合，显然是庄家为了更高价出局的骗线。当然如果股价后续创新高并有效站稳则证明我判断错了。到时再重新考虑。

时间：11月22日子夜沉思。

盘口解读：价量不配合

◇ 虽然小阳报收，但成交量只有前一日的一半。

◇ 盘中无新高。

◇ 看来当日小阳很有可能是骗线。

操盘手记：

◇ 不管怎样也要等股价创出新高并站稳后才能再作考虑。

【11月23日盘中】

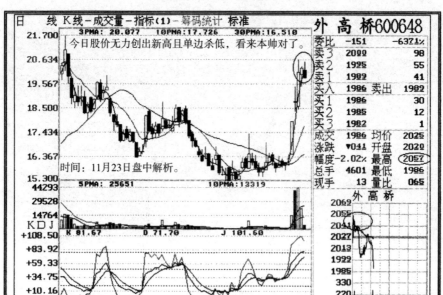

盘口解读：攻击结束

◇ 略微低开，仅稍做上攻，依然不能创新高。

◇ 即时图上直线向下快速杀跌，明显有人在批发筹码。

操盘手记：

◇ 看来本帅判断对了，短线行情到此为止了。

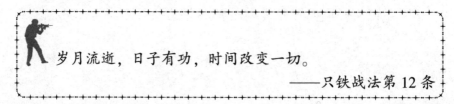

岁月流逝，日子有功，时间改变一切。

——只铁战法第 12 条

【11 月 23 日】

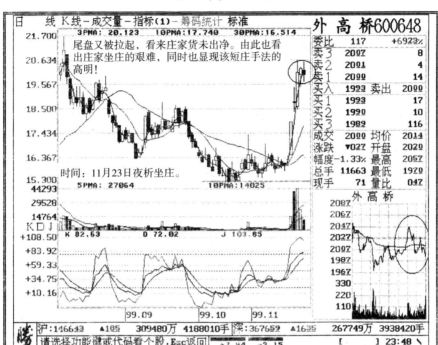

尾盘又被拉起，看来庄家货未出净。由此也看出庄家坐庄的艰难，同时也显现该短庄手法的高明！

时间：11月23日夜析坐庄。

盘口解读：掩饰出货

◇ 全日收于一带上下引线的小阴线，成交量急剧萎缩。

◇ 下午曾被拉高，看来市场主力还有货未出净。

◇ 从做盘细节看该庄手法高明。

企图把每一件事都做好是一种高级智障。专业选手只对必胜的机会展开捕捉，绝对不会随意去捕捉模棱两可的东西。

——只铁战法第 13 条

【11 月 24 日】

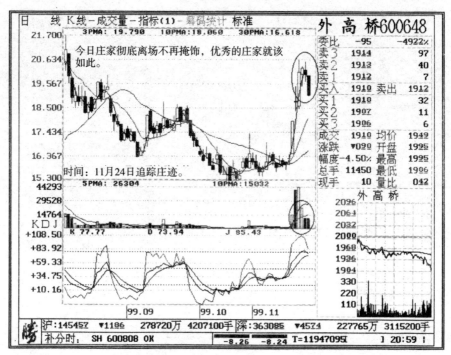

今日庄家彻底离场不再掩饰，优秀的庄家就该如此。

时间：11月24日追踪庄迹。

盘口解读：无所顾忌

◇ 当日收于一条光头中阴线。

◇ 表现出市场主力已经毫不掩饰无所顾忌地离场而去。

◇ 既然市场主力的货已卖得差不多，当然会明目张胆地卖出最后的压仓货，也懒得再去花钱护什么盘了。

◇ 这就是优秀的市场主力，做盘老练果断，毫不拖泥带水。

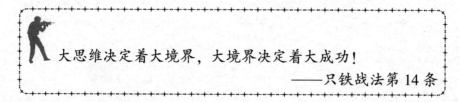

大思维决定着大境界，大境界决定着大成功！

——只铁战法第 14 条

方正科技战例日记

【12 月 9 日】

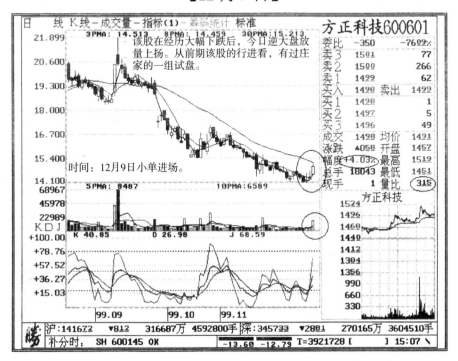

盘口解读：首次带量上扬

◇ 该股经历了大幅下跌。

◇ 市场主力在前期有过一组试盘动作。

◇ 当日出现与大盘背离的走势，首度带量上扬。

操盘手记：

◇ 不妨小单进场，试他一试。

◇ 同一板块中的天大天财在 12 月 7 日已出现带量上攻。

【12月10日】

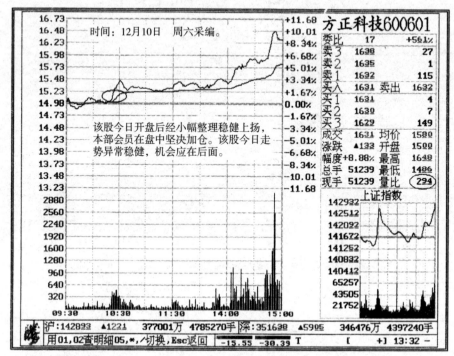

方正科技600601

时间：12月10日　周六采编。

该股今日开盘后经小幅整理稳健上扬，本部会员在盘中坚决加仓。该股今日走势异常稳健，机会应在后面。

盘口解读：稳健上扬

◇ 开盘后稍做整理。

◇ 然后再一次带量稳健上扬。

◇ 科技股板块当日形成主力联动效应。

◇ 从其异常稳健的走势看，该股的行情不会很短暂。

操盘手记：

◇ 盘中坚决加仓。

【12 月 13 日】

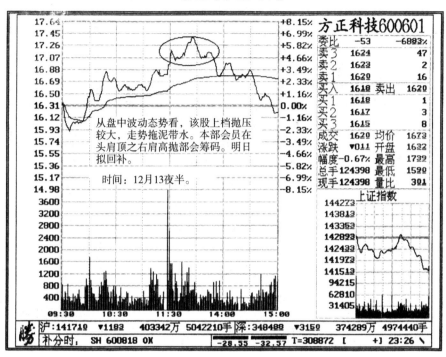

从盘中波动态势看，该股上档抛压较大，走势拖泥带水。本部会员在头肩顶之右肩高抛部会筹码。明日拟回补。

时间：12 月 13 夜半。

盘口解读：抛压显现

◇ 从当日即时波动图上看，走势拖泥带水不干脆。

◇ 这往往反映的是抛压的沉重。

操盘手记：

◇ 不管怎样先短线抛出部分筹码。

◇ 必定还有更低价位可寻次日补回。

【12 月 14 日】

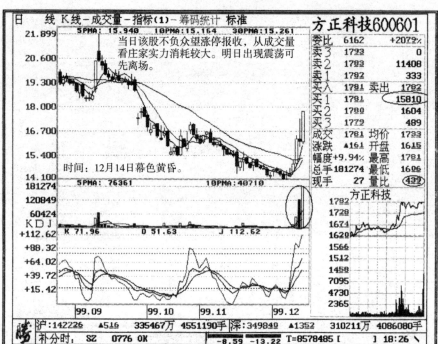

当日该股不负众望涨停报收，从成交量看庄家实力消耗较大。明日出现震荡可先离场。

时间：12月14日幕色黄昏。

盘口解读：巨量涨停

◇ 该股当日涨停报收，没有辜负我们的一番苦心。

◇ 但成交量太大，市场主力实力消耗过多。

◇ 且下午涨停板开开合合，封停并不坚决。

操盘手记：

◇ 如果次日股价出现震荡可短线先离场。

【12 月 15 日盘中】

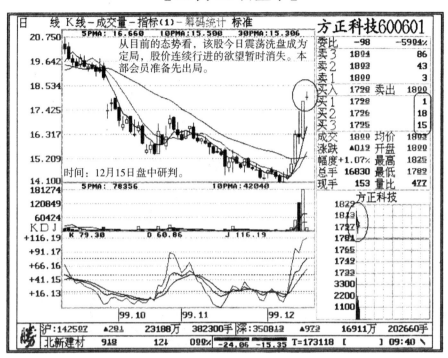

盘口解读：震荡开始

◇ 从开盘后 10 分钟的运行态势看，当日为震荡洗盘格局。

◇ 市场主力已经没有连续攻击的意图。

操盘手记：

◇ 盘中寻找震荡高点准备短线出局。

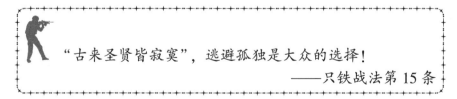

"古来圣贤皆寂寞"，逃避孤独是大众的选择！

——只铁战法第 15 条

【12 月 15 日盘中】

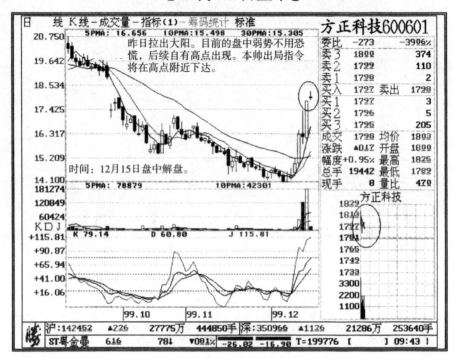

盘口解读：

◇ 连续放量攻击之后的股票不必慌不择路，一时半刻死不了，挣扎也要创新高。

◇ 虽然现在看起来有点疲弱，但肯定会有高点出现。

操盘手记：

◇ 盘中密切关注其走势。

【12 月 15 日盘中】

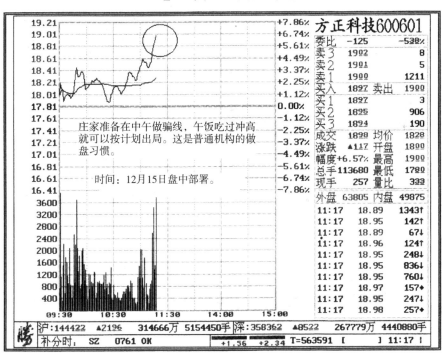

盘口解读：

◇ 果然震荡逐波盘上。

◇ 看来市场主力准备在中午做骗线。

◇ 午饭吃过后冲高就可以按计划出局。

◇ 这是普通机构的做盘习惯。

　　任何技术方法使用效果的好坏，都与是否掌握了该种方法的各种使用限制条件有着绝对的关系。

——只铁战法第 16 条

【12 月 15 日】

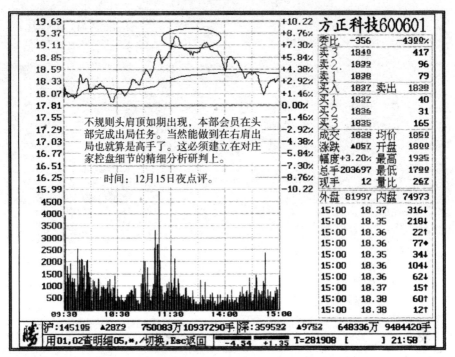

方正科技600601

不规则头肩顶如期出现，本部会员在头部完成出局任务。当然能做到在右肩出局也就算是高手了。这必须建立在对庄家控盘细节的精细分析研判上。

时间：12月15日夜点评。

盘口解读：震荡高点出现

◇ 不出所料，最高点在下午开盘后产生。

◇ 下午 1:30 时之后的一波攻击已经有气无力。

操盘手记：

◇ 本帅在头部成功完成出局任务。

【12 月 16 日盘中】

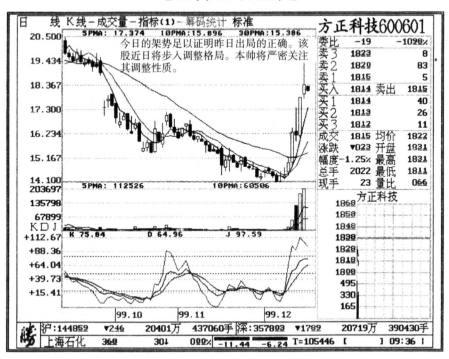

今日的架势足以证明昨日出局的正确。该股近日将步入调整格局。本帅将严密关注其调整性质。

盘口解读：调整开始

◇ 当日低开即下探。

◇ 调整意图暴露无遗，前一日出局是正确的。

◇ 该股暂时要歇口气了。

操盘手记：

◇ 密切关注调整的性质，看看还有没有肥肉可吃。

【12月17日】

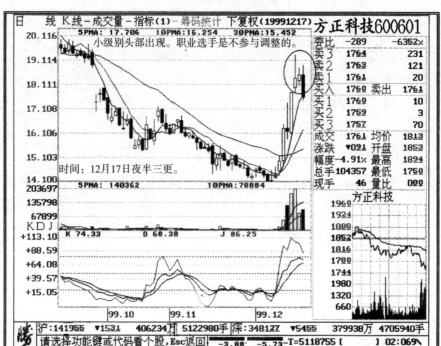

盘口解读：小级别头部出现

◇ 前一日假惺惺地稳了一下。

◇ 当日就顾不了那么多了，一路往下杀跌。

◇ 这根中阴线意味着小级别头部的出现。

操盘手记：

◇ 专业选手是不参与这种调整的。

◇ 但该股后续的走势应该还有一定的获利机会，故决不会放
  弃对该股的密切关注。

天大天财战例日记

【12月7日】

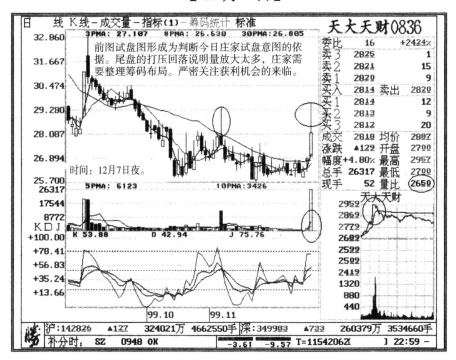

盘口解读：试盘

◇ 近期已经连续两次出现试盘动作。

◇ 当日成交量巨大。

◇ 从长长的上引线可以判断市场主力需要整理筹码布局。

操盘手记：

◇ 密切跟踪该主力行踪。

【12月7日】

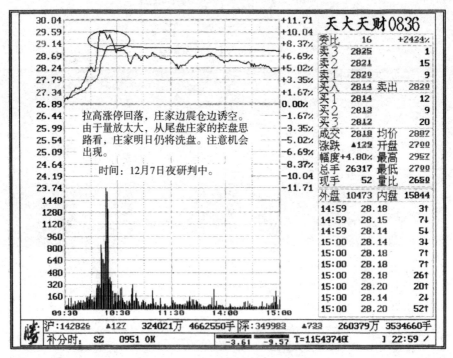

拉高涨停回落，庄家边震仓边诱空。由于量放太大，从尾盘庄家的控盘思路看，庄家明日仍将洗盘。注意机会出现。

时间：12月7日夜研判中。

天大天财 0836

委比	16	+2424%
卖3	2825	1
卖2	2821	15
卖1	2820	9
买入	2814	卖出 2820
买1	2814	12
买2	2813	9
买3	2812	20
成交	2819	均价 2887
涨跌	▲129	开盘 2700
幅度	+4.80%	最高 2957
总手	26317	最低 2700
现手	52	量比 2650
外盘	10473	内盘 15844

14:59	28.18	3↑
14:59	28.15	7↓
14:59	28.14	5↓
15:00	28.14	3↓
15:00	28.18	7↑
15:00	28.18	7↑
15:00	28.18	26↑
15:00	28.20	20↑
15:00	28.14	2↓
15:00	28.20	52↑

沪:142826	▲127	324021万	4662550手	深:349983	▲733	260379万	3534660手
补分时:	SZ	0951 OK		-3.61	-9.57	T=11543748	] 22:59 /

盘口解读：

◇ 当日曾上摸涨停。

◇ 随后一路回落。

◇ 市场主力一边震仓一边在诱空。

◇ 从成交量和市场主力的控盘思路看，次日仍将洗盘。

操盘手记：

◇ 关注机会的出现。

【12 月 8 日盘中】

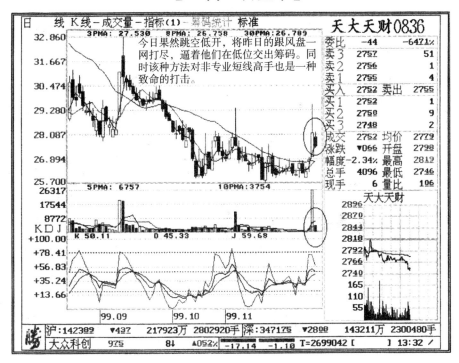

今日果然跳空低开，将昨日的跟风盘一网打尽，逼着他们在低位交出筹码。同时该种方法对非专业短线高手也是一种致命的打击。

盘口解读：震仓、洗盘

◇ 当日果然跳空低开。

◇ 前一日跟风盘全部落入市场主力套中。

◇ 要他们在低位交出筹码是市场主力的目的。

　　顶尖高手的短线操作铁律——短线出击非常态高速行进中的股票，其内部子浪运行结构安全且无破绽。而绝对不是仅仅满足于买进能涨的股票这么简单。

　　　　　　　　　　　　——只铁战法第 17 条

【12月9日】

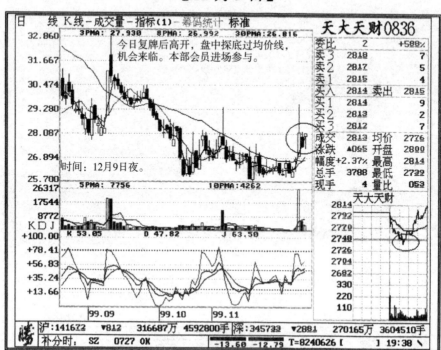

盘口解读：

◇ 下午复牌后高开 1%，比前一日阴线的开盘价还高，有名堂。

◇ 盘中瞬间跌破前一日收盘价即被拉起。

操盘手记：

◇ 在股价冲过均价线时进场参与，科技股板块蠢蠢欲动。

【12 月 10 日盘中】

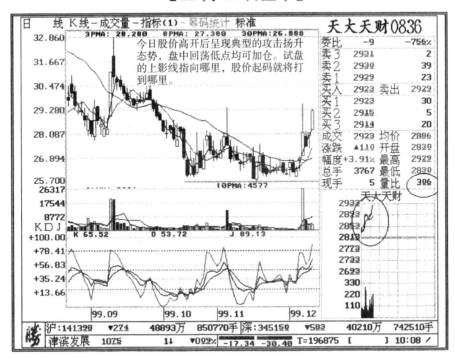

盘口解读：典型攻击

◇ 当日高开即开始上攻。

◇ 量比放大，是典型的攻击态势。

◇ 正式标志前两日的震仓洗盘结束。

操盘手记：

◇ 盘中的回落低点都是加仓的机会。

【12 月 14 日盘中】

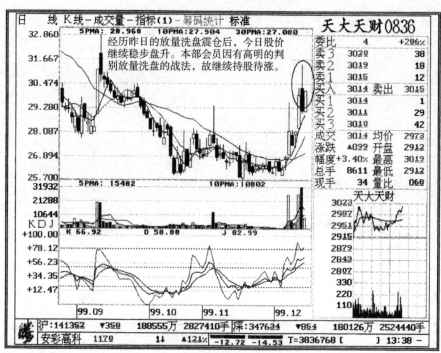

盘口解读：阳吞阴

◇ 股价当日不再下跌稳步盘升。

◇ 前一日可怕的阴线不过是股价突破关键技术位后的巨量洗
盘而已。

操盘手记：

◇ 当日雨过天晴，持股待涨。

ᵉ

【12 月 15 日盘中】

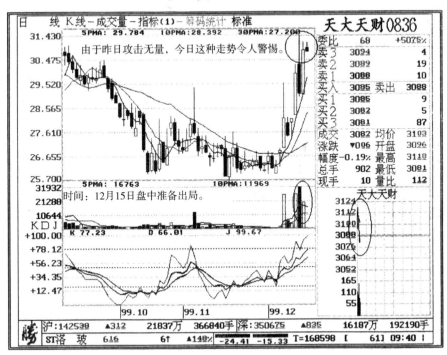

盘口解读：

◇ 前一日量价背离。

◇ 当日高开后略微冲高就直线下探。

操盘手记：

◇ 这样的走势必须警惕。

◇ 短线时刻准备出局。

【12 月 15 日】

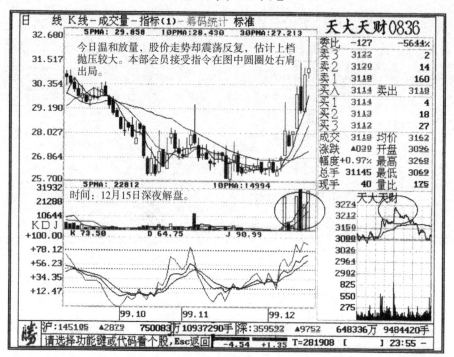

盘口解读：抛压沉重

◇ 当日温和放量。

◇ 但盘中走势并不干净利落。

◇ 估计上档抛压较重。

操盘手记：

◇ 下午股价回落后不能再创盘中新高，短线出局。

【12 月 16 日盘中】

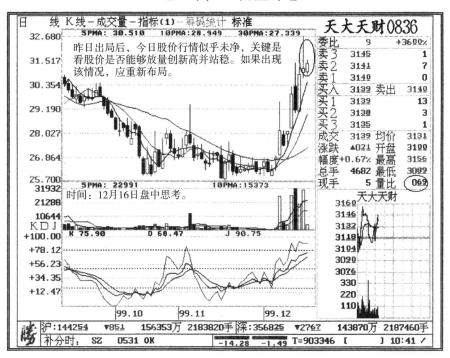

盘口解读：

◇ 从早盘的情况看股价并未下挫。

◇ 基本运行在前一日收盘之上。

◇ 行情似乎未结束。

操盘手记：

◇ 观察股价能否放量创新高并站稳，出现这样的情形重新部
  署进场。

【12月17日盘中】

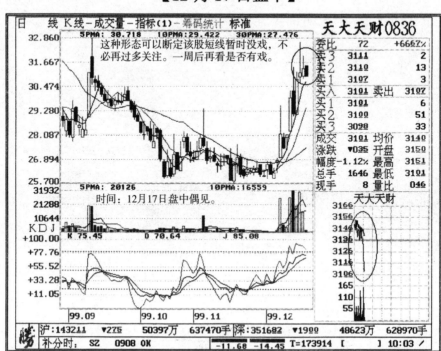

盘口解读：

◇ 当日前半小时的波动态势预示震仓洗盘又开始了。

◇ 成交量已经萎缩下来。

◇ 第三次震仓洗盘就不会再有前两次的好事——仅一天就结束了。

操盘手记：

◇ 过几日再看是否还有戏。

第2章　心细如发，搜寻大黑马

股市中每个人都对捕捉大黑马津津乐道，但是很少有人仔细思考过大黑马的概念和其形成的基本原因。所谓的大黑马指的是经过一波行情，股价从启动的位置算起至少翻番的股票。而在其行情没有发动之前并不引人注目，并往往有各种技术骗线迷惑市场人士。

几乎所有的大黑马都具有如下特征：

- 股价经历大幅下跌，做空能量得到彻底释放，盘中无大主力盘踞。
- 曾经有成交量萎缩到地量表明抛盘枯竭，同时也无大资金活动的特征。随后成交量巨幅放大。
- 多周期技术图形完美，具备发动大级别行情的基础。

以下古汉集团和时装股份的战例，就是对大黑马的捕捉过程。

古汉集团战例日记

【10 月 28 日】

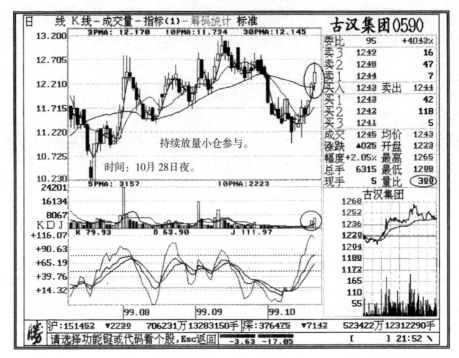

盘口解读：小阳上攻

◇ 前期无量急跌，市场主力无法出逃。

◇ 近日小阳上攻，量价配合理想。

◇ 股价已站上 30 日均线。

操盘手记：

◇ 不妨小仓参与其中。

【10 月 29 日】

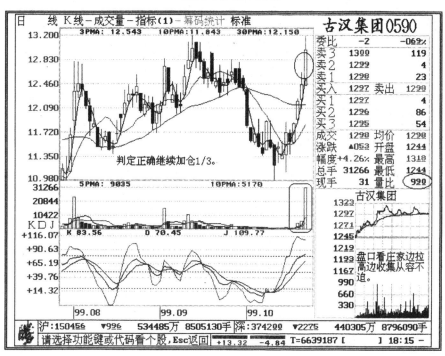

盘口解读：放量拉升

◇ 当日终于放量拉升。

◇ 一举解放前期的套牢盘，难道市场主力是雷锋？

◇ 从盘口看，市场主力一边拉高一边在从容不迫地搜集
  筹码。

操盘手记：

◇ 本帅发出命令，继续加仓 1/3。

【11 月 3 日盘中】

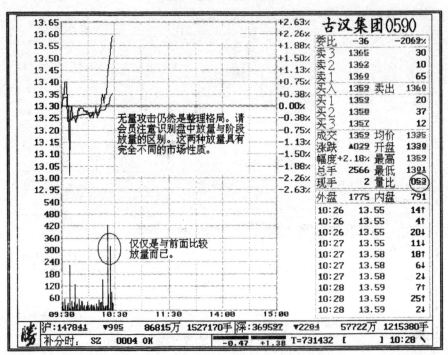

盘口内注释：无量攻击仍然是整理格局。请会员注意识别盘中放量与阶段放量的区别。这两种放量具有完全不同的市场性质。

仅仅是与前面比较放量而已。

盘口解读：无量攻击

◇ 当日的拉升没有成交量的配合，量比很小。

◇ 无量攻击仍是整理格局，难以真正走高。

操盘手记：

◇ 请注意盘中放量与阶段性放量的区别，两者有着完全不同的市场意义。

【11 月 3 日】

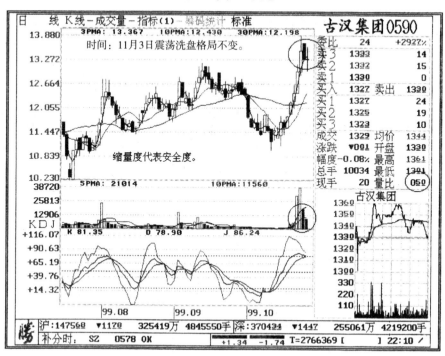

盘口解读：震荡洗盘

◇ 早盘的无量攻击果然未能走高。

◇ 突破前期高点后需要回抽确认。

◇ 成交量的萎缩表明市场主力还在，股价的上下震荡仅仅是
洗盘而已，是为了清除不坚定分子。

操盘手记：

◇ 照样持股不动。

【11月4日盘中】

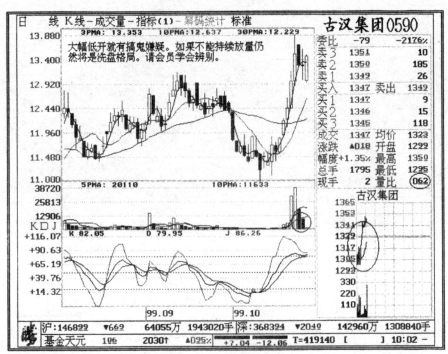

盘口解读：低开洗盘

◇ 当日股价大幅低开，看看市场主力究竟想搞什么名堂。

◇ 低开之后并没有向下攻击。

◇ 股价在低位整理十几分钟后即被迅速拉起，只可惜仍旧得不到成交量的配合。

◇ 如果不能放量，市场主力将继续洗盘。

【11 月 4 日盘中】

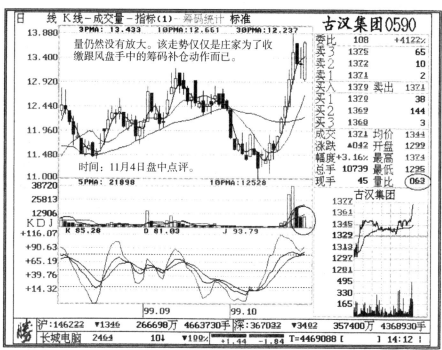

量仍然没有放大。该走势仅仅是庄家为了收
缴跟风盘手中的筹码补仓动作而已。

时间：11 月 4 日盘中点评。

盘口解读：市场主力回补

◇ 股价虽然走高但始终没能得到成交量的配合。

◇ 该种走势仅仅是市场主力为了收缴跟风盘手中的筹码以达
到自己的补仓目的。

操盘手记：

◇ 既然市场主力还想要，我们又有什么理由不要？

【11 月 5 日】

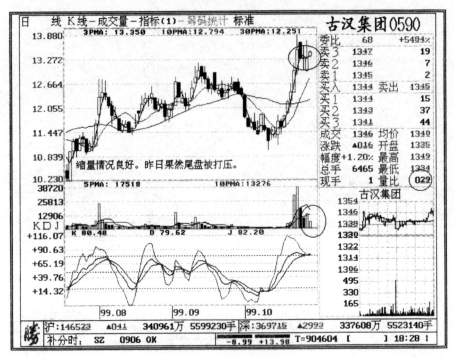

缩量情况良好。昨日果然尾盘被打压。

盘口解读：继续缩量整理

◇ 当日一直在前一日收盘价上方作整理。

◇ 股价波动幅度相当狭小，上下相差仅一个百分点。

◇ 成交量继续萎缩，是自拉升以来的最低。

◇ 在当前的位置抛压已经非常轻了。

操盘手记：

◇ 种种迹象表明好日子已经不远，坚决守仓。

【11月8日】

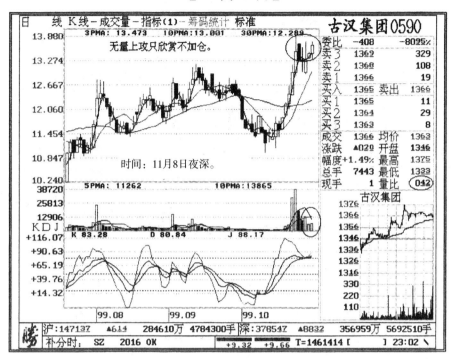

盘口解读：无量上攻

◇ 当日出现无量上攻。

◇ 在图中圆圈内的区域基本可以肯定股价已经企稳。

◇ 但新一轮升势必须得到成交量的配合。

操盘手记：

◇ 等到再一次放量上攻，就将是本帅又一次加仓良机。

【11 月 9 日盘中】

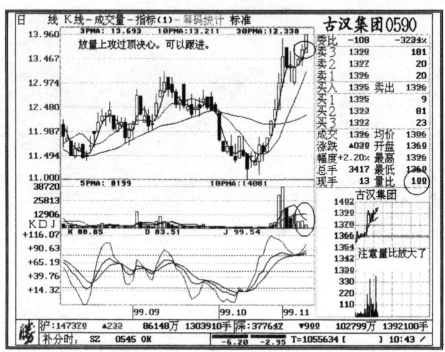

盘口解读：洗盘结束放量过顶

◇ 经过 5 天的整理，市场主力终于吹响了冲锋号。

◇ 市场主力放量突破前期高点，解放套牢盘。

操盘手记：

◇ 加仓的机会来了，坚决跟进。

◇ 只要你细心观察仔细分析，哪里会找不到好股票呢？

【11月9日】

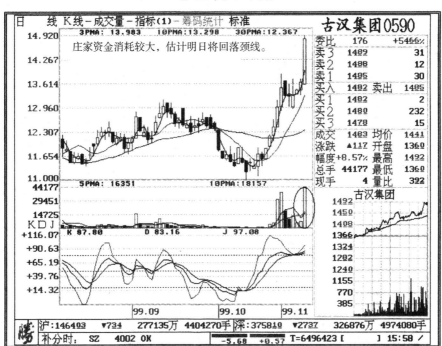

盘口解读：量能消耗过大

◇ 当日放量拉长阳，股价创出新高。

◇ 一方面表明市场主力做盘的坚决。

◇ 但另一方面也表明市场主力资金消耗过大，次日回调的可能性较大。

> 追涨，追的是已经确定无疑的涨势，绝对不是追高；杀跌，杀的是已经确定无疑的跌势，绝对不是杀低。
>
> ——只铁战法第18条

【11 月 10 日盘中】

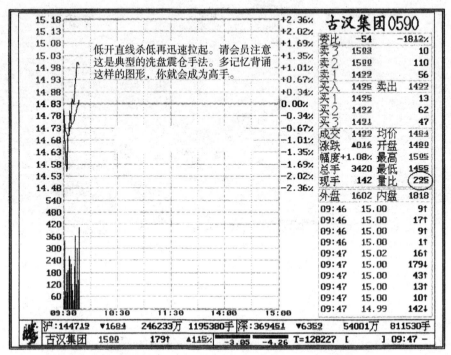

低开直线杀低再迅速拉起。请会员注意这是典型的洗盘震仓手法。多记忆背诵这样的图形，你就会成为高手。

盘口解读：低开洗盘

◇ 当日低开。

◇ 开盘之后急速下探，然后又被快速拉起。

◇ 这是市场主力典型的洗盘震仓手法。

◇ 成交量放大，难道当日要放量洗盘？

> 对市场各大要素及其相互关系的正确理解是快速看盘的关键。利用市场要素的各种排序功能是最好、最快的专业化看盘方法。
>
> ——只铁战法第 19 条

【11 月 10 日盘中】

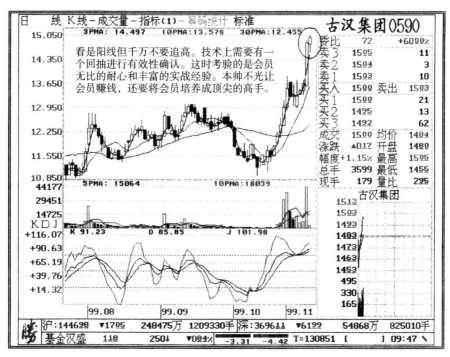

盘口解读：追高危险

◇ 目前位置技术上需要回抽确认，且前一日巨量跟风盘
众多。

◇ 虽此刻已出现小阳形态，但追高面临巨大短线风险。

◇ 这就需要我们无比的耐心和丰富的实战经验。

规范化、专业化、科学化、系统化是临盘实战操作的生
命，也是只铁投资体系的灵魂。

———只铁战法第 20 条

【11月10日盘中】

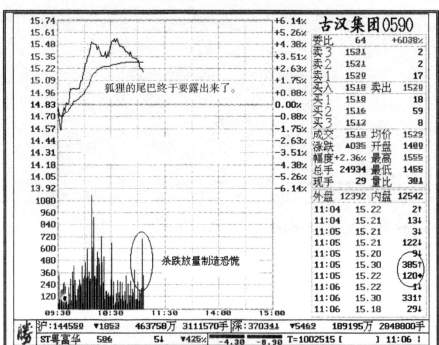

狐狸的尾巴终于要露出来了。

杀跌放量制造恐慌

盘口解读：制造恐慌

◇ 经历短暂冲高，疲态显现。

◇ 即时图上双头出现。

◇ 股价放量跌破均价线。

◇ 狐狸终于露出了尾巴。

◇ 早盘的上攻是假的，洗盘即将开始。

【11 月 10 日中午】

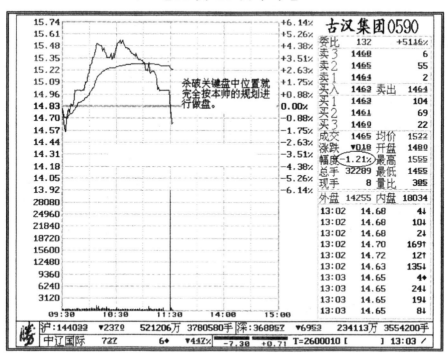

杀破关键盘中位置就完全按本帅的规划进行破盘。

盘口解读：破位减仓

◇ 放量大幅杀跌，一小时之内下跌达 5%。

◇ 跌破昨天收盘价和今天开盘价，均价线已经朝下。

◇ 因已杀破盘中关键位置，本帅决定减仓 1/3 等待低点回补。

◇ 从其杀跌势头看当日还有下跌空间。

【11 月 10 日】

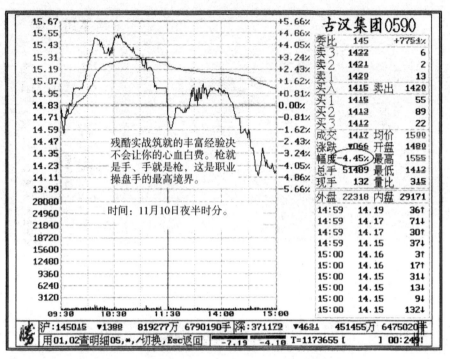

残酷实战筑就的丰富经验决不会让你的心血白费。枪就是手、手就是枪，这是职业操盘手的最高境界。

时间：11月10日夜半时分。

盘口解读：全日大幅下挫 4.45%

◇ 下午开盘股价仅仅稍作回升。

◇ 连触摸均价线的勇气都没有就又开始下跌，看来市场主力是铁了心要让获利盘和昨天的跟风盘出局。

◇ 残酷实战中积累的丰富经验是职业操盘手的宝贵财富。

骗线就是骗心，套牢就是套心。胜负说明一时，意志决定一生。

——只铁战法第 21 条

【11 月 11 日】

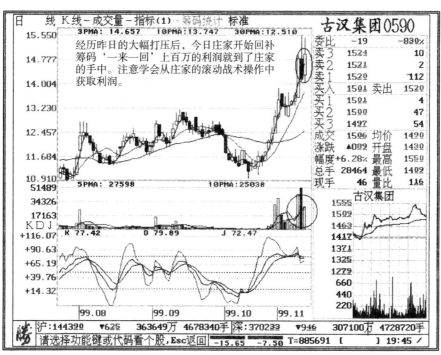

盘口解读：市场主力回补

◇ 经历前一天的大幅打压，市场主力当日开始回补筹码。

◇ 当日的形态进一步证实了前一日的洗盘性质。

◇ 市场主力滚动操作，一来一回，上百万利润就到手了。

操盘手记：

◇ 当日略微高开，该跌不跌，本帅早盘及时部署回补。

【11 月 12 日盘中】

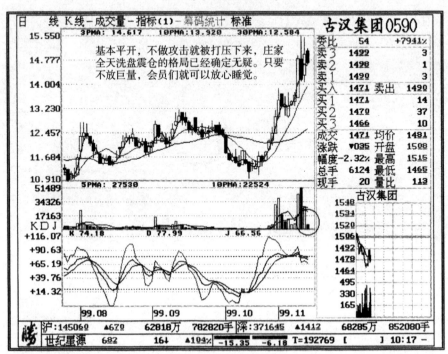

盘口解读：洗盘

◇ 基本平开，但并未承接前一日上攻走势。

◇ 看来市场主力当日没有上攻意图。

操盘手记：

◇ 只要不放量跌破 10 日均线，我们就可以放心持股跟定市
场主力。

【11 月 12 日】

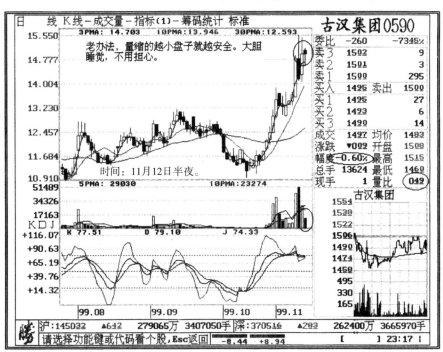

盘口解读：缩量洗盘

◇ 缩量小幅震荡，波幅很小。

◇ 市场主力洗盘意图明显。

◇ 在目前位置整理得越充分，越能表明市场主力志在高远。

衡量短线操作的好坏，并不以获利为唯一依据。更加重要的依据是，能否坚持按正确的市场规律进退和坚定不移地执行自己制定的操作计划并誓死遵守自己的操作纪律。

——只铁战法第 22 条

【11月15日】

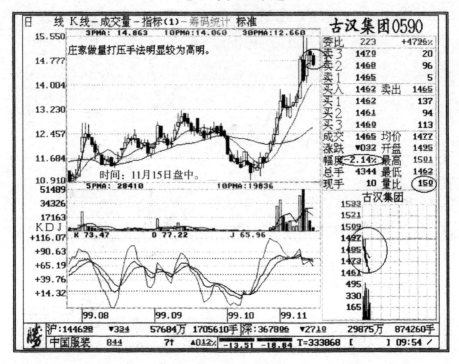

时间：11月15日盘中。

盘口解读：做量打压

◇ 略微低开后就往下急探。

◇ 量比放大。

◇ 从市场主力故意砸盘的手法可以看出该庄打压手法较为
高明。

◇ 看来洗盘还未结束。

【11 月 16 日盘中】

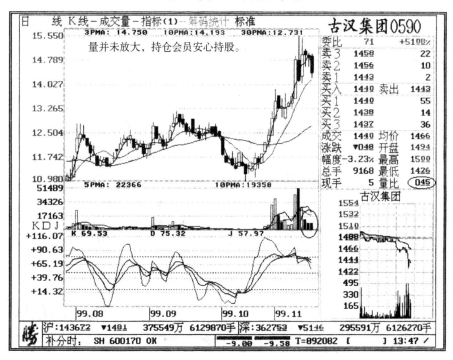

盘口解读：缩量打压

◇ 当日市场主力继续向下打压。

◇ 量比缩小，让人放心。

◇ 在目前颈线位市场主力要让不坚定分子彻底出局。

◇ 看来拉升还有待时日。

> 不会使用绝对空仓的资金管理战术就绝对不是专业高手。高位看错必须立即止损，低位看错可以补仓。
>
> ——只铁战法第 23 条

【11月16日】

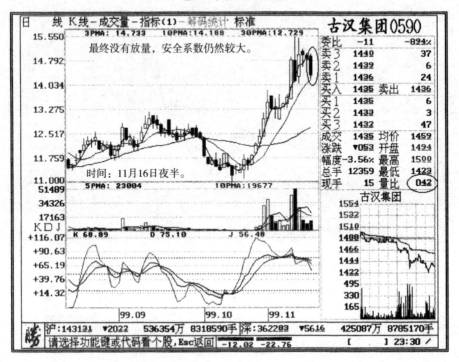

盘口解读：

◇ 当日虽然收出一根中阴线，但成交量处于较低水平。

◇ 本帅每日对它进行跟踪，市场主力一举一动尽收眼底。

◇ 现在其实很安全，市场主力没有出局之意。

◇ 只要你肯下功夫，市场主力的花招也同样难骗你。

战略永远制约着战术。任何战术动作都有苛刻的使用条件和使用效果，不能偏废和走极端。

——只铁战法第24条

【11 月 17 日盘中】

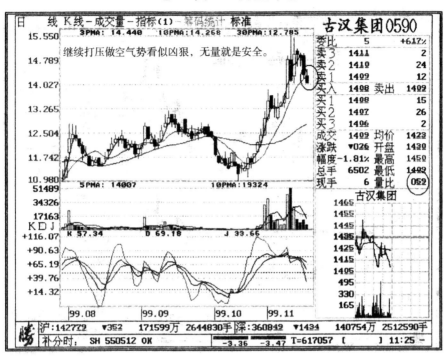

盘口解读：

◇ 无量盘中向下跌破 10 日均线。

◇ 来势汹汹看似可怕，其实是吓人。

◇ 如果市场主力是出货，成交量早就放大了，不至于这一
　点量。

◇ 看来市场主力认为目前还有洗盘必要。

【11 月 18 日】

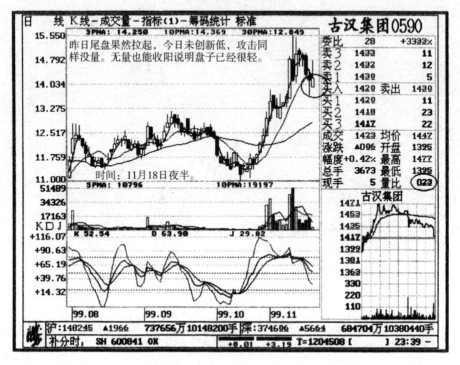

盘口解读：止跌企稳

◇ 前一日尾盘股价被拉回 10 日均线附近。

◇ 当日未创新低，最高价已触及前日阴线的上部。

◇ 虽然是无量上攻，但同时也表明在此处抛压已很轻。

◇ 前一日和今日的两根 K 线有明显的止跌企稳迹象。

停损是临盘实战操作安全最根本的保证，每次果断的买进、卖出行为都必须要有明确的理由 。

——只铁战法第 25 条

【11 月 22 日盘中】

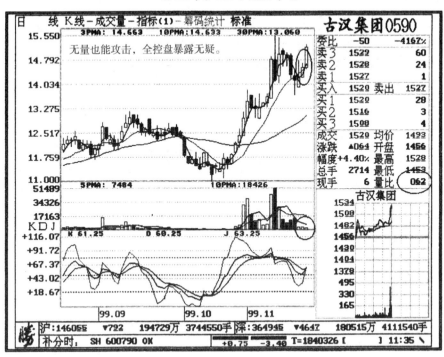

盘口解读：暴露全控盘

◇ 无量上攻，盘面显得非常轻松，少有抛盘出现。

◇ 从其盘口情况看，市场主力已经完全控盘。

◇ 这类市场主力往往是大牛股的炮制者。

操盘手记：

◇ 只要他不放量，我们就放心持有。

【11 月 23 日】

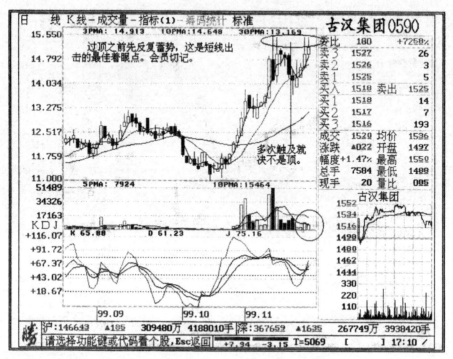

盘口解读：反复蓄势

◇ 股价在短时间内已经 4 次上摸 15.55 元这个最高价。

◇ 多次触及这一点位，不断给你高价卖出的机会，就不会是顶。

◇ 这是过顶前的反复蓄势。

◇ 也是短线出击的最佳着眼点。

【11 月 24 日盘中】

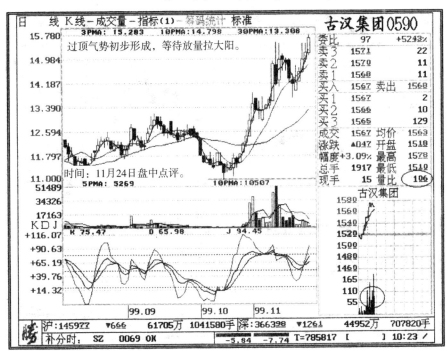

盘口解读：过顶气势初步形成

◇ 当日终于创出新高。

◇ 量比放大。

◇ 过顶气势初步形成，等待放量拉大阳。

操盘手记：

◇ 多日的忍气吞声终于得到回报。

【11 月 25 日】

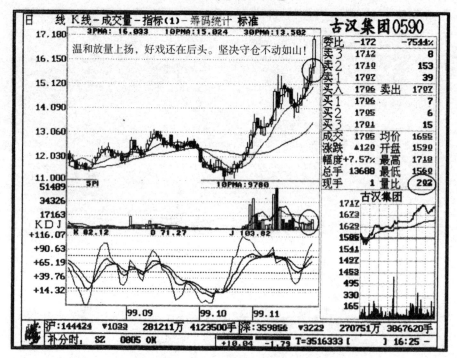

盘口解读：迎来大阳

◇ 在连续 5 小阳后当日终于拉出大阳。

◇ 而成交量仅仅是温和放大。

◇ 好戏还在后头。

操盘手记：

◇ 坚决守仓，岿然不动。

【11 月 26 日盘中】

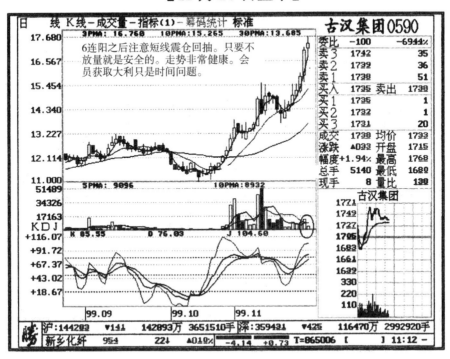

盘口解读：

◇ 连续 6 连阳后，注意短线震仓回抽。

◇ 只要不放大量就是安全的。

◇ 获取大利只是时间问题。

短线或长线仅仅是一种投资获利的方法，绝对不是投资的目的。短线操作的真正目的是为了不参与股价走势中不确定因素太多的调整。

——只铁战法第 26 条

【11 月 26 日】

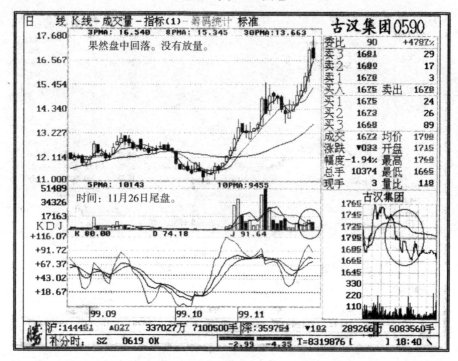

盘口解读：震仓回抽

◇ 冲高之后果然出现预料中的回落。

◇ 但没有放量。

◇ 收盘在 3 日均线之上。

操盘手记：

◇ 一切不必理会。

【11 月 29 日】

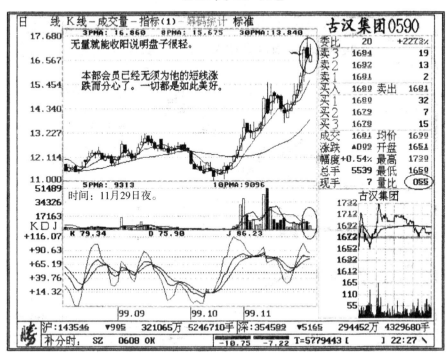

无量就能收阳说明盘子很轻。

本部会员已经无须为他的短线涨跌而分心了。一切都是如此美好。

时间：11月29日夜。

盘口解读：无量小阳

◇ 当日虽然出现低开但成交量严重萎缩，不用害怕。

◇ 无量就能收阳也说明抛盘很轻。

操盘手记：

◇ 不必去为它的短线涨跌担心了，一切都是如此美妙。

【11 月 30 日】

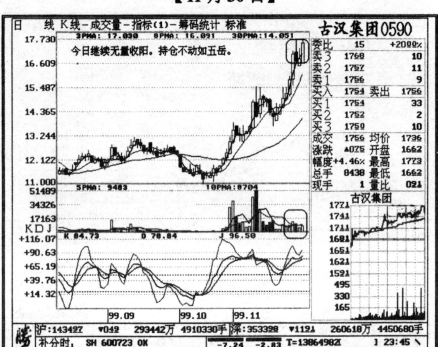

盘口解读：无量上攻

◇ 当日收出中阳线，但成交量很小。

◇ 即时图上清楚看到，市场主力完全控盘后，无量缓慢推高
走势。

◇ 看来该股成为大牛股已是不能改变的了。

操盘手记：

◇ 稳如泰山持股不动，美好的未来在向我们招手。

时装股份战例日记

【11月16日】

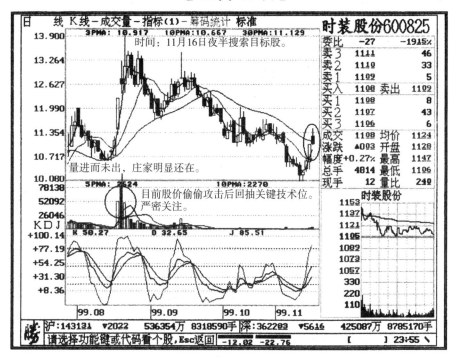

盘口解读：严密关注

◇ 前期巨量后一直无量下跌，市场主力明显还在其中。

◇ 出现连续 3 小阳的偷偷攻击走势。

◇ 当日突破 30 日均线后回落。

操盘手记：

◇ 该股动向值得严密关注。

【11 月 23 日】

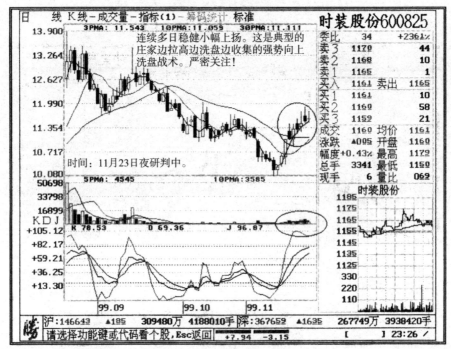

时间：11月23日夜研判中。

盘口解读：一边拉高一边收集

◇ 连续多日稳健小幅上扬，成交量已经明显大于前期。

◇ 短期均线已呈多头排列。

◇ 这是典型的向上洗盘战术。

◇ 市场主力一边拉高一边在收集筹码。

操盘手记：

◇ 我们要严密关注进场机会的到来。

【11 月 26 日】

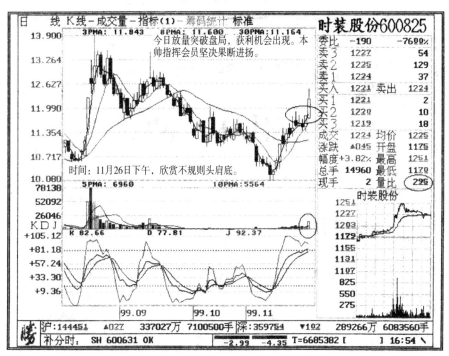

盘口解读：突破头肩底

◇ 当日出现带量突破走势。

◇ 一个不规则的头肩底已经呈现在眼前。

操盘手记：

◇ 此时不动手更待何时？坚决进场。

◇ 这样的好事自然也有本帅一份。

【11月29日盘中】

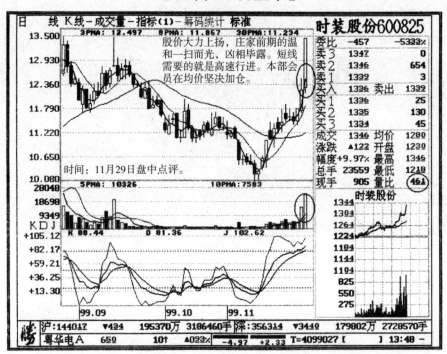

盘口解读：上升加速

◇ 当日出现长阳上攻。

◇ 市场主力一改往日温和手法而变得穷凶极恶。

操盘手记：

◇ 我们要寻找的就是这种大角度上扬高速行进的目标。

◇ 继续加仓。

【11 月 29 日】

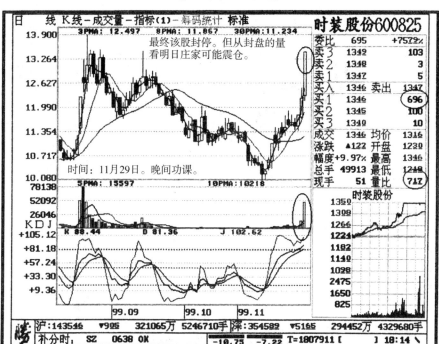

盘口解读：封停不坚

◇ 最终报收涨停。

◇ 但封停的量很小。

◇ 当日成交量太大，且在涨停板上有量涌出。

◇ 次日市场主力震仓洗盘的可能性很大。

> 不贪心抓住每一次机会，不贪心抓住每一只黑马。心境轻松淡定如泰山，贪就是贫。
>
> ——只铁战法第 27 条

【11 月 30 日盘中】

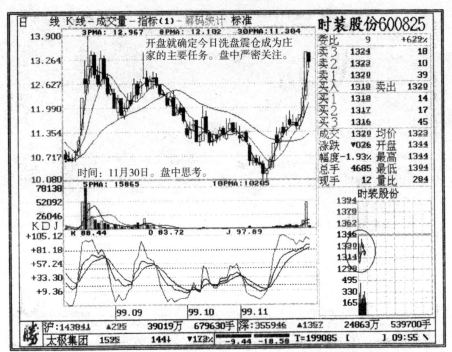

盘口解读：洗盘

◇ 前一日涨停，当日却低开。

◇ 从开盘后 25 分钟的走势看当日没有上攻意图，洗盘震仓
是市场主力当日的任务。

操盘手记：

◇ 严密关注盘中动向。

【11 月 30 日盘中】

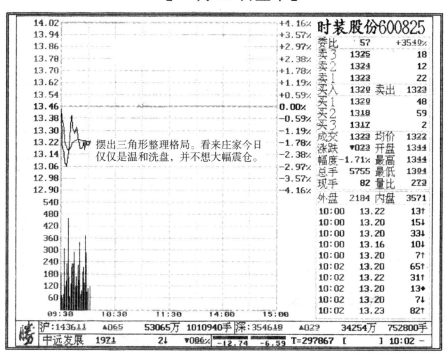

盘口解读：温和洗盘

◇ 开盘后半小时在即时走势图上走出三角形整理的格局。

◇ 看来市场主力仅仅是想温和洗盘，并不想大幅震仓。

◇ 当前这个位置的筹码也比较宝贵，市场主力并不想给跟风盘太多的低位筹码。

> 不以涨喜，不以跌悲！乱云飞渡仍从容，笑看股市风云变幻，一切尽在掌握中……
>
> ——只铁战法第 28 条

【11 月 30 日盘中】

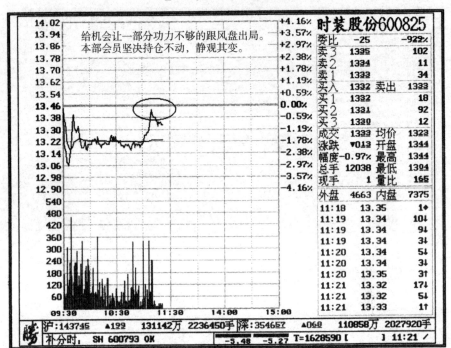

盘口解读:

◇ 经过一个半小时的整理后开始拔高。

◇ 这是市场主力给机会让那些功力不够的跟风盘出局。

操盘手记:

◇ 我们坚决持股不动,静观其变。

【12 月 1 日盘中】

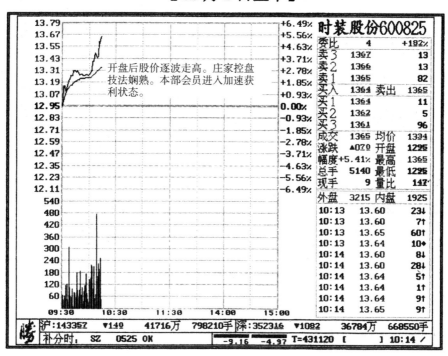

开盘后股价逐波走高。庄家控盘技法娴熟。本部会员进入加速获利状态。

盘口解读：

◇ 平开后即开始逐波走高。

◇ 从即时走势看，市场主力控盘技法娴熟。

操盘手记：

◇ 我们已经进入加速获利状态。

【12 月 1 日】

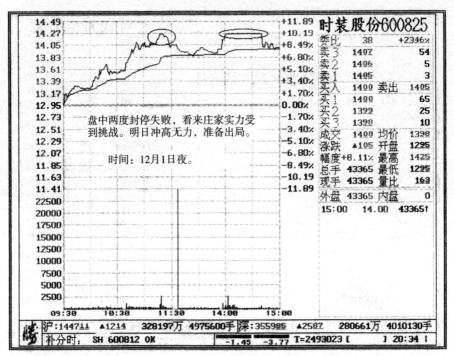

盘口解读：封停不坚

◇ 盘中两度涨停，但都以失败告终。

◇ 市场主力实力受到挑战。

操盘手记：

◇ 若是次日冲高无力，准备出局。

【12 月 2 日盘中】

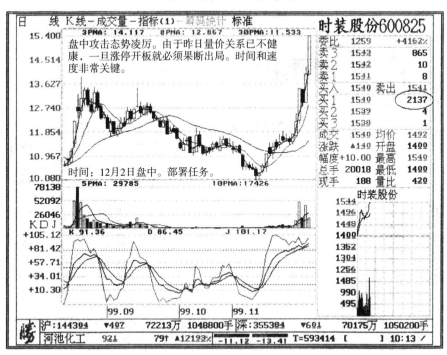

盘口解读：涨停能否封死

◇ 盘中攻击态势凌厉，三波封停。

◇ 封停的量不大。

操盘手记：

◇ 由于前一日量价关系不健康，当日一旦涨停板打开就必须
　果断出局。

◇ 实战中强调时间和速度。

【12 月 2 日盘中】

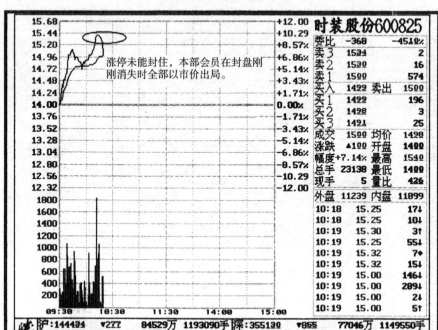

涨停未能封住，本部会员在封盘刚刚消失时全部以市价出局。

盘口解读：涨停打开

◇ 果然涨停未能封住。

操盘手记：

◇ 在封盘刚刚消失时，我们全部以市价卖出。

◇ 纪律高于一切，不能抱有幻想。

【12 月 2 日盘中】

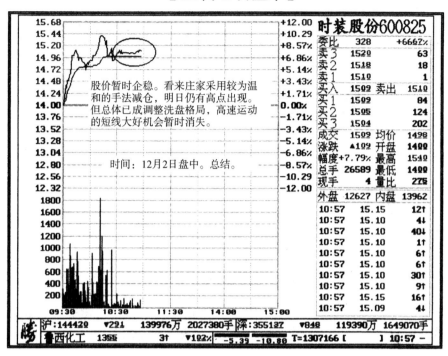

图中文字：

股价暂时企稳。看来庄家采用较为温和的手法减仓，明日仍有高点出现。但总体已成调整洗盘格局，高速运动的短线大好机会暂时消失。

时间：12月2日盘中。总结。

盘口解读：

◇　虽然涨停不能封住，但股价只是偶破均价线即被拉起。

◇　均价线仅仅走平而已，并没有向下。

◇　看来市场主力是采用较为温和的手法减仓，并未大规模出货。

◇　此种手法预示次日可能还有高点出现，但总体已进入调整洗盘的格局，高速运动可能告一段落了。

【12 月 2 日】

图中文字：
日　　线　K 线－成交量－指标(1)－筹码统计　标准
3PMA：14.067　8PMA：12.849　30PMA：11.528
时装股份600825

股价最终在次高点报收，但量价关系问题越发明显。明日将是短线仓位出局的最后机会。

时间：12月2日晚。解盘。

5PMA：33205　10PMA：19136

KDJ
K 90.11　　D 86.04　　J 98.25

委比　　　-178　　　-8641%
卖3　1527　　51
卖2　1526　　47
卖1　1525　　94
买入　1520　卖出　1525
买1　1520　　10
买2　1518　　2
买3　1517　　2
成交　1525　均价　1501
涨跌　▲125　开盘　1400
幅度+8.93%　最高　1540
总手　37121　最低　1400
现手　46　量比　132

时装股份

沪:143583　▼1128　366822万　5335600手　深:352485　▼3500　326464万　5052310手
补分时:　SZ　0534 OK　　-7.65　-9.66　T=8780059 [　　] 21:24

盘口解读：量价背离

◇ 最终报收次高点。

◇ 继前一日量价背离后，当日再次出现这一问题，必须引起高度重视。

操盘手记：

◇ 次日的盘中高点将是短线客出局的最后机会。

【12 月 3 日】

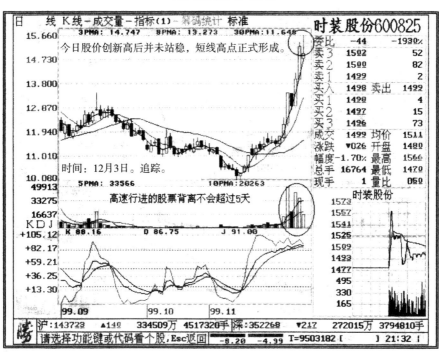

盘口解读：冲高回落

◇ 当日股价创出新高。

◇ 但未能站稳，出现冲高回落走势。

◇ 近几日的量价都是背离关系，处于高速行进中的股票其背
　离不会超过 5 天。

◇ 短线高点已经出现。

【12月7日】

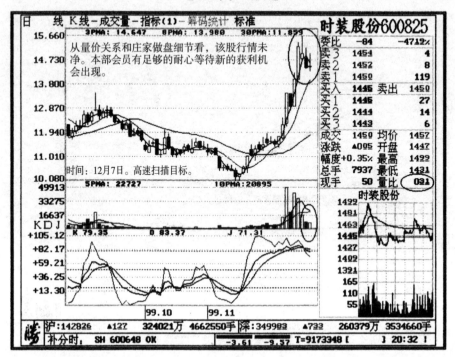

时间：12月7日。高速扫描目标。

时装股份600825

盘口解读：回调缩量

◇ 自前日短线高点出现回调以来，成交量大幅萎缩。

◇ 结合市场主力的做盘细节分析该股行情未完。

操盘手记：

◇ 密切关注，等待新的介入时机。

【12 月 17 日】

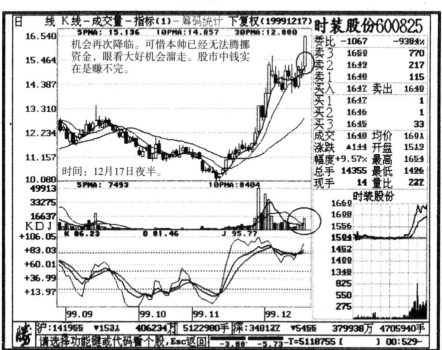

盘口解读：放量破平台

◇ 经过多日的平台整理，当日尾市放量突破。

◇ 再次介入的机会到来。

操盘手记：

◇ 此时本帅已无法腾挪资金，只好眼看大好机会溜走。

◇ 股市中的钱实在是赚不完哦！

第3章 目光如炬，洞察异动玄机

随着市场容量的不断扩大，我们所面对的股票也越来越多。而每个投资人的精力总是有限的。要想在很短的时间之内（包括盘中与盘后）及时发现黑马目标股，如果没有一套快捷有效的方法是很难做到的。平时很多业余投资者在看盘时就只盯着自己的自选股看，好像其他股票都与他无关似的，结果机会每次都在他眼皮底下悄悄溜走。其实往往不是市场不给机会，而是他们自己根本就不会看盘。

发现黑马目标股的方法之一，就是捕捉盘中大幅度量价异常波动的股票。所谓看盘，就是看量价异常波动的情况，以及从专业的角度判断其异动的原因和企图，而绝对不是盲目乱看，也绝对不是看其他什么莫名其妙的东西。（具体内容详见《新短线英雄》第4章如何以最快速度捕捉短线黑马，《铁血短线》第2章第3节快速发现黑马的线索与要领。）

如下的三个战例，就是通过观察发现盘面价量异常波动情况而捕获到的战机。所以说世上无难事，只怕有心人。只要你有心，股票市场其实并不神秘，赚钱又有何难？

佛山兴华战例日记

【10月11日】

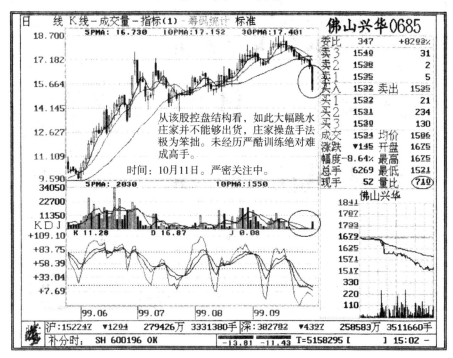

从该股控盘结构看，如此大幅跳水庄家并不能够出货，庄家操盘手法极为笨拙。未经历严酷训练绝对难成高手。

时间：10月11日。严密关注中。

盘口解读：

◇ 从该股的前期走势看市场主力介入很深。

◇ 当日长阴跳水又如何能出局？

◇ 看来市场主力的操盘手法极为笨拙。

◇ 未经残酷严格的训练绝对难成高手。

操盘手记：

◇ 密切关注该主力后市动向。

【11 月 18 日】

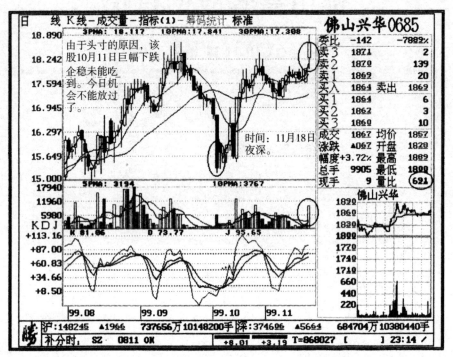

盘口解读：突破颈线

◇ 当日放量突破颈线位。

操盘手记：

◇ 短线介入机会来临，本帅部署建仓。

◇ 前期由于头寸的原因一直未能介入。

◇ 当日不能再错过机会了。

【11 月 19 日盘中】

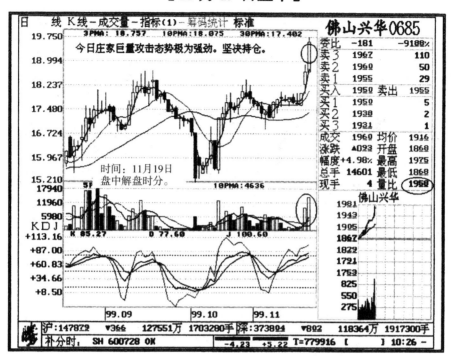

盘口解读：强劲上攻

◇ 当日市场主力巨量攻击，量比大幅放大。

◇ 从开盘后一小时的走势看，上攻极为强劲。

操盘手记：

◇ 无须担心，坚决守仓。

【11 月 19 日】

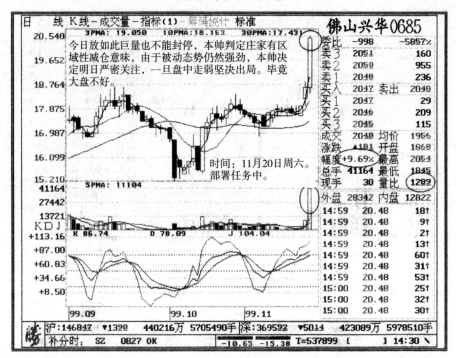

盘口解读：巨量不能封停

◇ 当日放出巨量但却不能封停。

◇ 不能封停总有它的原因。

操盘手记：

◇ 本帅怀疑市场主力在区域性减仓。

◇ 由于其波动势头强劲，故当日继续持仓。

◇ 次日严密关注，一旦走弱坚决出局，毕竟大盘背景也
  不好。

【11 月 22 日】

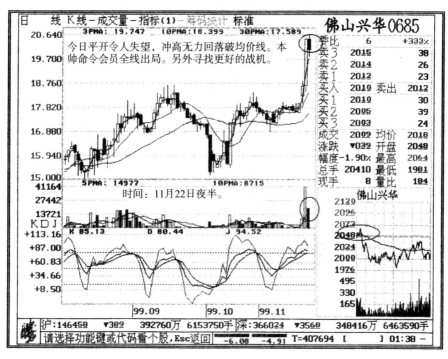

今日平开令人失望，冲高无力回落破均价线。本帅命令会员全线出局。另外寻找更好的战机。

时间：11月22日夜半。

盘口解读：短线进入整理

◇ 当日仅仅平开。

◇ 稍作冲高就开始回落，前一日的强劲消失无踪，其走势令人失望。

操盘手记：

◇ 盘中跌破均价线，本帅即下达出局命令，不再恋战，另寻战斗目标。

重庆华亚战例日记

【11月15日】

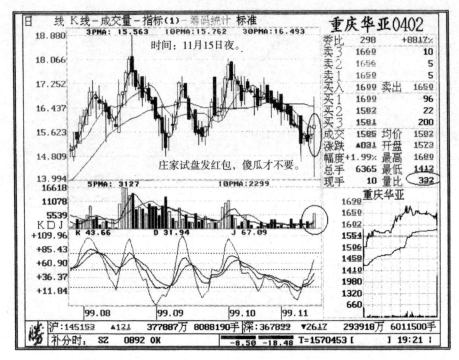

盘口解读：异动

◇ 该股当日异动，出现长长的上下引线。

◇ 这往往是市场主力想要做事前的试盘动作。

操盘手记：

◇ 既然市场主力想要做事了，我们为什么不搭搭顺风车？
介入。

【11 月 16 日】

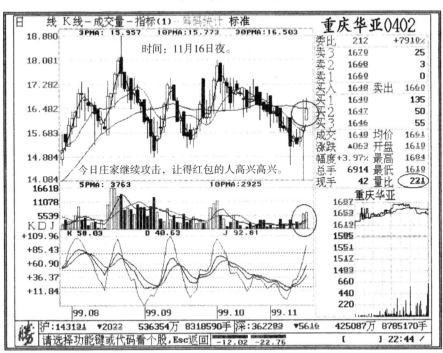

时间：11月16日夜。

今日庄家继续攻击，让得红包的人高兴高兴。

盘口解读：继续攻击

◇ 当日成交量略微放大运行于前一日上引线部分。

◇ 新高出现。

◇ 走势较为健康。

操盘手记：

◇ 继续持仓。得红包的人还没有获取巨额利润。

【11 月 17 日】

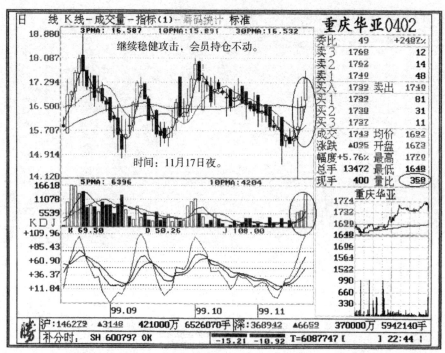

盘口解读：稳健攻击

◇ 在 30 日均线附近经过两天的消化整理，当日终于放量
突破。

◇ 阳线实体在加大向上. 攻击欲望显示无遗。

◇ 从市场主力的做盘手法和趋势形态分析，他们将要在最近
做出一段行情来。

操盘手记：

◇ 既然如此，我们持股不动。

【11 月 18 日】

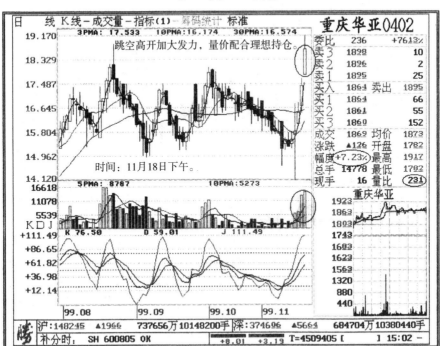

盘口解读：加速上扬

◇ 当日跳空高开。

◇ 突破前期高点。

◇ 涨幅与成交量配合理想。

操盘手记：

◇ 我们继续持仓，没有卖出理由。

【11月19日】

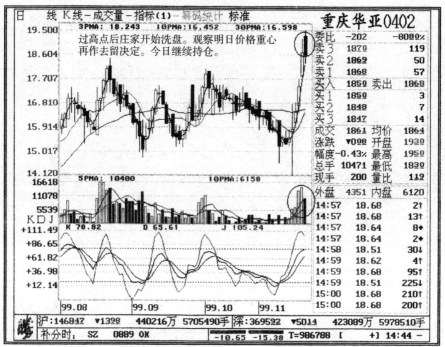

盘口解读：回抽洗盘

◇ 股价冲破前期高点后，开始回抽洗盘，属正常。

◇ 成交量比前一日萎缩。

操盘手记：

◇ 次日观察价格重心的移动情况再作决定。

◇ 我们在当日继续持仓。

【11 月 22 日】

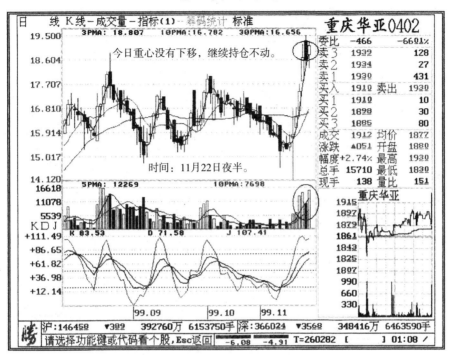

盘口解读：继续整理

◇ 当日未承接前一日跌势，而是高开。

◇ 全日大部分时间运行在前一日收盘价之上，看来市场主力
不愿继续杀跌。

操盘手记：

◇ 价格重心没有下移，我们可以继续持仓观察。

【11 月 24 日】

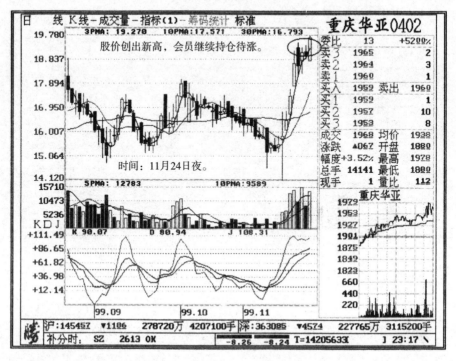

盘口解读：突破小平台

◇ 突破近日小平台，股价创新高。

◇ 但从价量配合看，虽签量比较饱和，但涨幅已不如前。

操盘手记：

◇ 暂时还能持仓，密切关注后市变化。

【11 月 25 日】

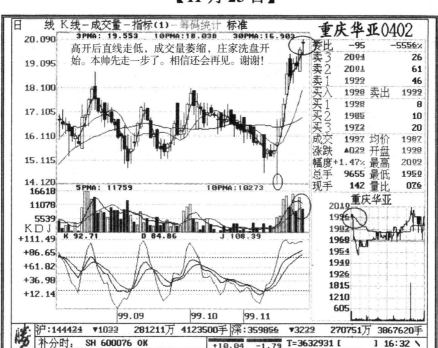

盘口解读：洗盘开始

◇ 高开后直线走低，这是典型的洗盘手法。

◇ 成交量萎缩。

◇ 看来市场主力攻击又告一段落了。

操盘手记：

◇ 果断清仓，本帅先走一步了，后会有期！

【11月26日】

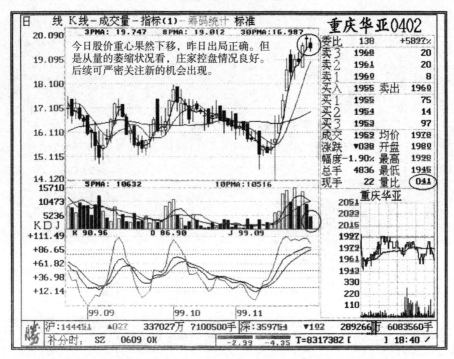

盘口解读：重心下移

◇ 当日股价重心出现下移。

◇ 形成缩量整理格局。

◇ 成交量大幅萎缩，市场主力控盘情况良好，行情应该
未完。

操盘手记：

◇ 后市密切关注，寻找新的介入时机。

【12 月 3 日】

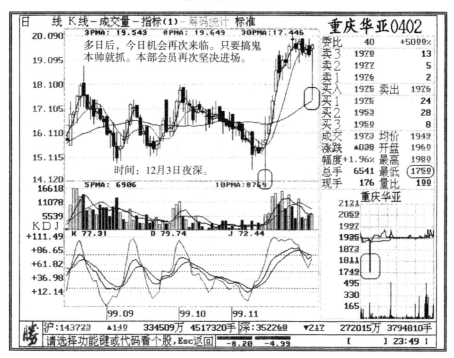

盘口解读：再次异动

◇ 当日盘中再次出现异动，又有人得到红包。

操盘手记：

◇ 有福要同享，本帅坚决进场。

◇ 只要有人搞鬼，本帅就要抓。

◇ 多年的征战历程，使本帅练就一双火眼金睛。

【12 月 17 日】

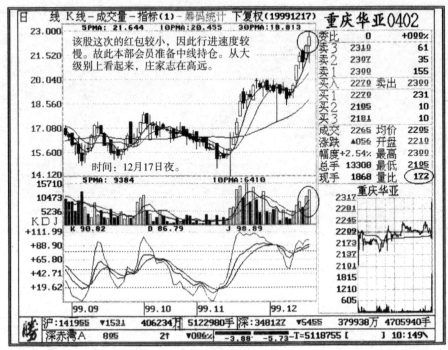

盘口解读：缓慢推升

◇ 看来这第二波的红包较小，故行进速度较慢。

◇ 从市场主力的做盘手法看，其志在高远，该股成为一只慢
牛股的格局已定。

操盘手记：

◇ 我们准备中线持仓。

全兴股份战例日记

【12月2日】

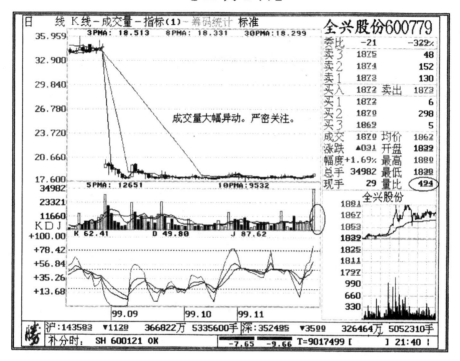

盘口解读：成交量异动

◇ 股价长期窄幅横盘整理。

◇ 当日成交量大幅放大。

◇ 难道是市场主力重新开始投入资金了吗？

操盘手记：

◇ 我们要严密关注。

【12月3日】

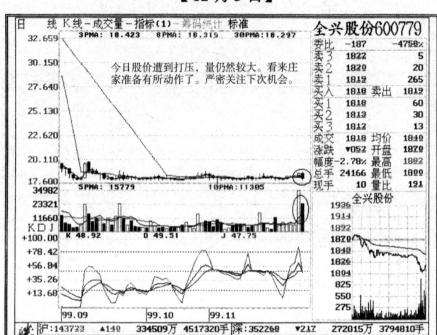

盘口解读：成文量仍然较大

◇ 虽然当日股价遭打压，但成交量依然较大，没有大幅萎缩。

◇ 有量就说明有人在倒腾它。

操盘手记：

◇ 有机会本帅当然不舍得错过，严密关注。

【12 月 6 日盘中】

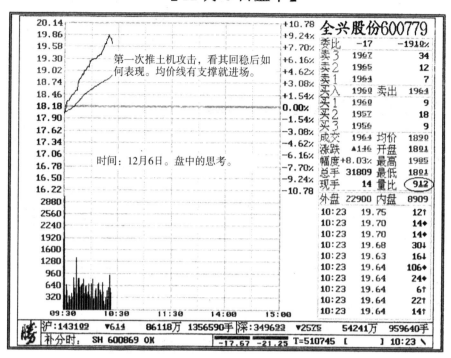

盘口解读：第一次推土机上攻

◇ 当日放量上攻突破平台。

◇ 上攻为推土机攻击手法。

◇ 观察其回落后的表现情况。

操盘手记：

◇ 均价线有支撑，我们就进场。

【12月6日盘中】

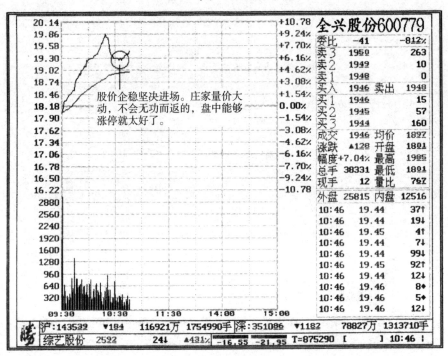

盘口解读：回落幅度不大

◇ 回落幅度并不算大即企稳。

◇ 当日刚刚放量突破长时间的横盘区。近两日市场主力大动
干戈，不会无功而返的。

操盘手记：

◇ 回落企稳后坚决进场。

◇ 能涨停当然是求之不得的美事。

【12 月 6 日盘中】

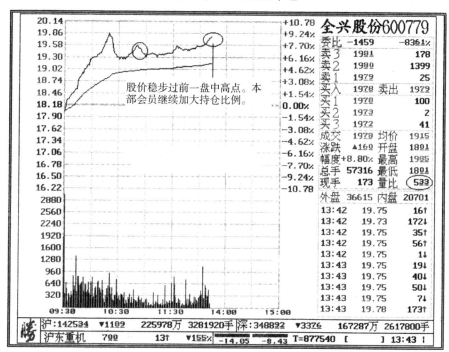

股价稳步过前一盘中高点。本部会员继续加大持仓比例。

盘口解读：稳步走高

◇ 股价稳步走高。

◇ 盘中每一次回落，其低点不断抬高。

操盘手记：

◇ 我们继续加大持仓比例。

◇ 不能让好机会白白跑掉。

【12月6日】

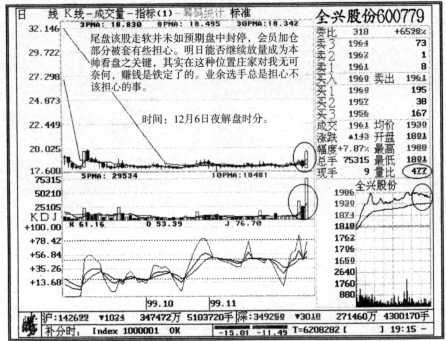

盘口解读：

◇ 股价尾盘走软，未如预期中封停。

操盘手记：

◇ 加仓部分被套，本帅有些担心。

◇ 只要次日能继续放量就没关系。

◇ 其实在目前位置市场主力也奈何不了我，最多只是短线
被套。

【12 月 7 日盘中】

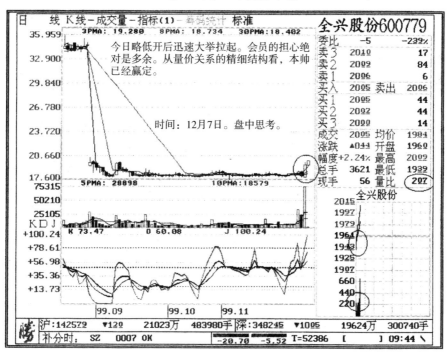

今日略低开后迅速大举拉起。会员的担心绝对是多余。从量价关系的精细结构看，本帅已经赢定。

时间：12月7日。盘中思考。

盘口解读：放量上攻

◇ 略微低开后被迅速拉起。

◇ 量比放大，股价创新高。

操盘手记：

◇ 前一日的担心是多余的。

◇ 从市场主力做盘的量价关系精细结构看，本帅有稳赢的把握。

【12月7日盘中】

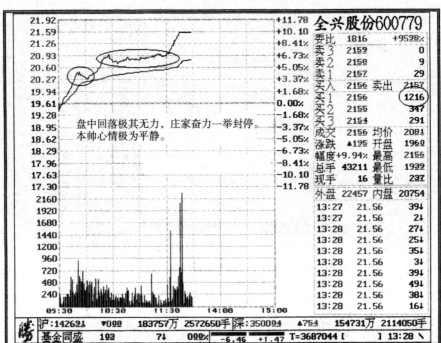

盘中回落极其无力，庄家奋力一举封停。
本帅心情极为平静。

盘口解读：空方力量单薄

◇ 拉高途中的两次回落幅度都很小。

◇ 做空势力极弱。

操盘手记：

◇ 午后市场主力发力封停，本帅并不觉得吃惊。

【12 月 8 日盘中】

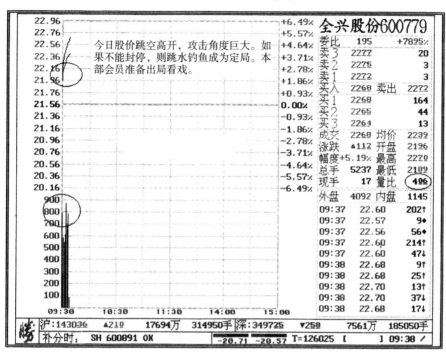

今日股价跳空高开，攻击角度巨大。如果不能封停，则跳水钓鱼成为定局。本部会员准备出局看戏。

盘口解读：大角度推高

◇ 股价跳空高开后又是推土机方式上扬。

◇ 但上扬角度明显太大。

◇ 此种走势如若不能封停，就会上演钓鱼跳水的一幕。

操盘手记：

◇ 我们时刻准备出局看戏。

【12 月 8 日盘中】

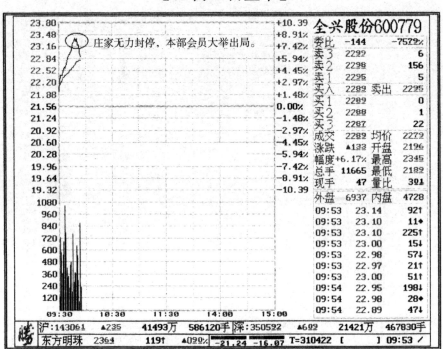

盘口解读：无力封停

◇ 上攻只维持了十几分钟就开始掉头。

◇ 市场主力的确无力封停，连触摸涨停板的勇气都没有。

操盘手记：

◇ 我们按计划行事，出局看戏。

【12 月 8 日】

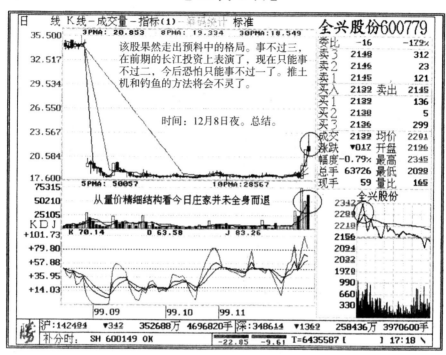

その图内文字：

该股果然走出预料中的格局。事不过三，在前期的长江投资上表演了，现在只能事不过二，今后恐怕只能事不过一了。推土机和钓鱼的方法将会不灵了。

时间：12 月 8 日夜。总结。

从量价精细结构看今日庄家并未全身而退

全兴股份 600779

盘口解读：大幅回落

◇ 果然是预料中的大幅回落走势。

◇ 从量价的精细结构看，市场主力当日并未全身而退。

◇ 此种缓上急下的手法，在前期的长江投资上事不过三地表演过，现在只能事不过二，今后恐怕就只能事不过一了。

> 好的东西是需要用"心"才能体会的。我们强调的首先是"专心"，然后才是"专业"！
>
> ——只铁战法第 29 条

第4章 沙里淘金，ST中藏战机

对于股票而言，能上涨的股票就是好股票，不管它是垃圾股还是绩优股；反之，下跌的股票就是坏股票，同样不用去管它是绩优股还是垃圾股。

我们投资的根本目的是为了获取资金收益，而不是为了股票本身的业绩。实战中，绩优股未必就能带来收益，而垃圾股未必就不能带来收益。中国股评界鼓吹的投资就是投资于绩优股，即所谓的价值投资理念，这种观点表现出的是一种理论的幼稚，是对方法和目的的混淆。价值投资仅仅是投资的方法，而非投资的目的。有价值而不能带来收益就是失败的投资，价值发现往往是一个漫长的过程。相反，没有价值但能够带来收益就是成功的投资。

就连巴菲特的老师格雷厄姆晚年也宣布了对其价值投资理论的放弃。巴菲特不是靠技术成功，而是靠耐心和资金管理取得了成功。

如下两只ST股票的战例，就可以说明垃圾股里同样能发掘出黄金。

ST 东碳战例日记

【11 月 11 日】

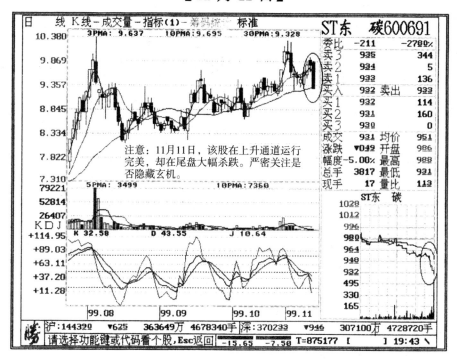

注意：11月11日，该股在上升通道运行完美，却在尾盘大幅杀跌。严密关注是否隐藏玄机。

盘口解读：尾盘杀跌

◇ 该股一直运行于一个缓慢的上升通道中。

◇ 当日却在尾盘出现大幅杀跌。

◇ 不知道市场主力是想搞什么名堂。

操盘手记：

◇ 严密关注其行踪。

【11 月 12 日】

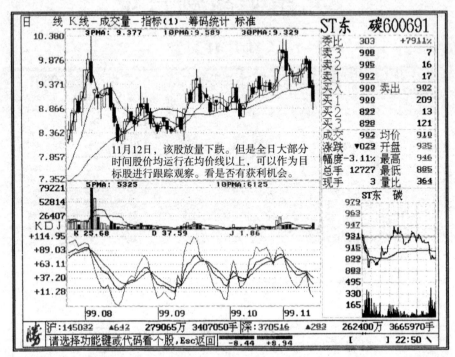

11月12日，该股放量下跌。但是全日大部分时间股价均运行在均价线以上，可以作为目标股进行跟踪观察。看是否有获利机会。

盘口解读：放量打压

◇ 当日继续放量下跌。

◇ 但全日大部分时间股价运行于均价线上方。

操盘手记：

◇ 继续观察。

【11 月 16 日】

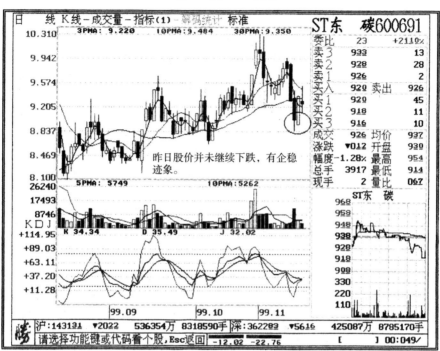

盘口解读：企稳

◇ 连续 3 根 K 线已有止跌迹象。

◇ 但介入时机还不成熟，没有买入信号出现。

操盘手记：

◇ 严密跟踪，耐心等待。

【12 月 6 日】

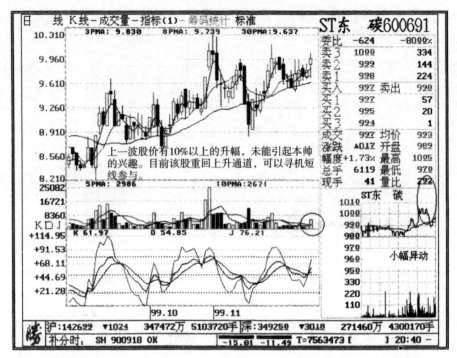

盘口解读：稳步走高

◇ 股价重回上升通道。

◇ 并且站上 30 日均线。

◇ 从其形态看处于三角形整理的末端。

◇ 当日盘中走势出现小幅异动。

操作要点：

◇ 密切关注，寻找短线买点。

【12 月 7 日】

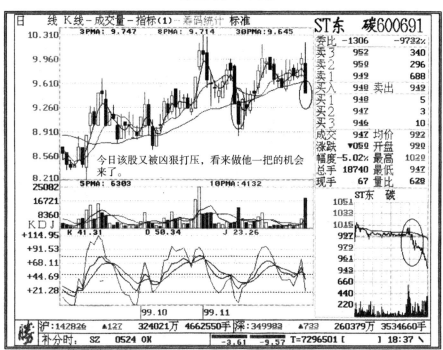

盘口解读：尾盘打压

◇ 该股尾盘突遭大幅打压。

◇ 成交量明显放出。

◇ 这样的急跌市场主力如何出货？

◇ 看来机会就要来了。

> 生活就是投资，投资就是生活！大爱无我，智者无敌！科学化投资、专业化管理！
>
> ——只铁战法第 30 条

【12 月 8 日】

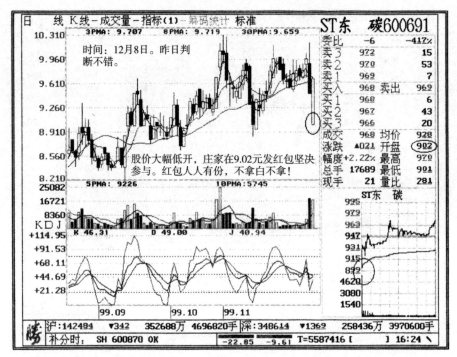

盘口解读：低开长阳

◇ 前一日断没错，幸福来得这样快。

◇ 当日大幅低开，市场主力发红包。

操盘手记：

◇ 红包见者有份，我们当然不例外。

◇ 一定不能让这个等待已久的机会跑掉。

【12 月 9 日盘中】

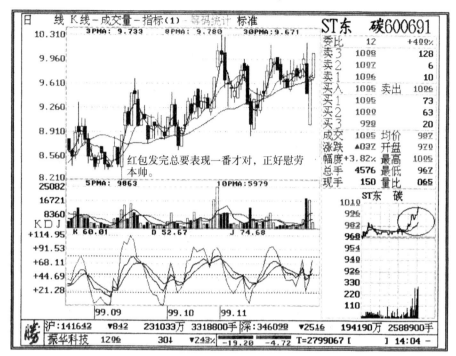

盘口解读：重回上升通道

◇ 发完红包之后走势就非常稳健了。

◇ 股价重回上升通道。

◇ 当日股价在昨天收盘价之上进行窄幅横盘整理，午后开始
拉高。

操盘手记：

◇ 目前走势让人放心。

【12 月 16 日盘中】

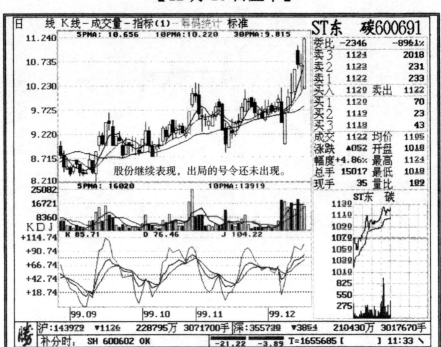

盘口解读：低开长阳

◇ 在 10 日均线附近出现低开长阳，股价再创新高。

◇ 从该手法分析市场主力继续做高股价意图明显。

操盘手记：

◇ 近期量价配合非常理想，不必过于担心。

◇ 且看市场主力表演，我自稳坐轿中。

【12 月 16 日】

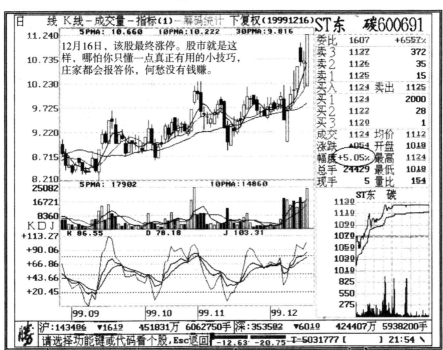

盘口解读：涨停

◇ 当日最终报收涨停。

操盘手记：

◇ 股市就是这样，哪怕你只懂一点真正有用的小技巧，市场
  主力也会给你回报，何愁没有钱赚。

【12月17日】

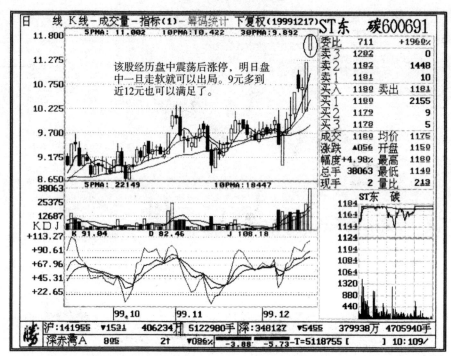

盘口解读：封停不坚

◇ 该股当日封停后出现震荡。

◇ 虽然收盘前一小时再度封停，但次日需要严密关注了。

◇ 如果次日盘中走软，则必须短线先行出局。

◇ 毕竟短线升幅已经不小。

◇ 短线乖离也偏大。

ST 黔凯涤战例日记

【10 月 21 日】

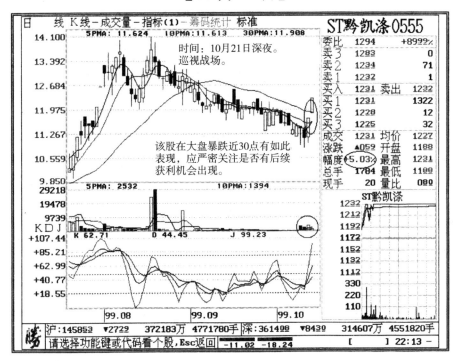

盘口解读：与大盘背离

◇ 大盘暴跌近 30 点，而该股竟然缩量涨停。

操盘手记：

◇ 前几日就有成交量悄悄放出。

◇ 其非同一般的表现吸引了本帅的注意力。

◇ 严密关注是否有后续获利机会出现。

【11月3日盘中】

时间：11月3日盘中勿忙间。多么珍贵的图谱，一定要留下永恒的记忆。

该股盘口明显异动，庄家不是在转仓布局就是在发红包。但是无论庄家在干什么，后续机会都将来临。这就是世界顶尖高手在看盘。有心的读者请牢牢记住：一份耕耘一份收获。只要你用心来炒股，你就会战无不胜，攻无不克！

ST黔凯涤 0555

委比	6	+1394%
卖3	1230	6
卖2	1219	6
卖1	1210	8
买入 1191	卖出	1210
买1	1191	1
买2	1190	18
买3	1185	7
成交	1191	均价 1174
涨跌 ▼009	开盘	1170
幅度 -0.75%	最高	1210
总手 4103	最低	1170
现手 330	量比	4386
外盘 171	内盘	3932

09:30	11.70	1698↓
09:30	11.70	1174↓
09:30	11.80	895↓
09:30	11.80	5↑
09:33	12.10	1↑
09:33	11.91	330↓

沪:149193 ▲447 12473万 243190手 深:373552 ▲1671 6185万 152860手

飞彩股份 1299 10↑ ▲015% +0.35 -25.06 T=45112 [ ] 09:33 —

盘口解读：盘口异动

◇ 盘口明显异动，放量大幅低开。

操盘手记：

◇ 不管市场主力是在转仓布局还是在发红包，都预示机会即将来临，时刻准备。

◇ 一分耕耘一分收获，只要你用心炒股，就一定能成功。

【11 月 8 日】

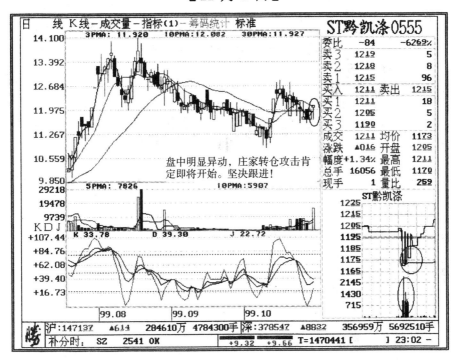

盘中明显异动，庄家转仓攻击肯定即将开始。坚决跟进！

盘口解读：巨量对倒

◇ 今日盘中再次出现明显异动。

◇ 午后放出巨量对倒。

◇ 市场主力转仓动作暴露。

操盘手记：

◇ 攻击肯定即将开始，坚决跟进。

【11月9日】

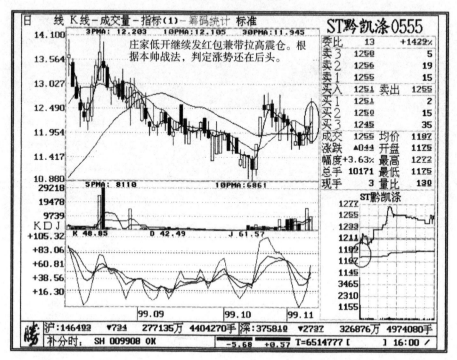

盘口解读：

◇ 当日再次低开发红包。

◇ 同时也拉高震仓。

◇ 看来市场主力是想轰轰烈烈大干一场了。

◇ 根据本帅战法判定，好戏在后头。

> 技术分析仅仅是一种工具，错把工具当真理，这显现出的是一种哲学上的无知和灵性上的幼稚。
>
> ——只铁战法第31条

【11 月 10 日】

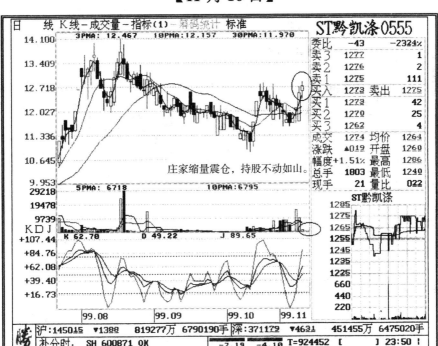

盘口解读：缩量震仓

◇ 股价小幅震荡。

◇ 成交量大幅萎缩。

◇ 是因面临前期高点市场主力展开的震仓动作。

◇ 但其手法实在笨拙。

操盘手记：

◇ 不必理会，持股不动。

【11 月 11 日】

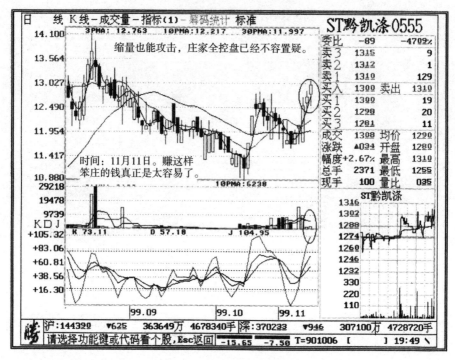

盘口解读：缩量上攻

◇ 从其缩量攻击看，市场主力已经完全控盘。

◇ 赚这种笨庄的钱真是太容易了。

◇ 看他今后怎么出局。

只有在大盘处于高位或调整态势之中，短线操作战术才是专业选手的首选。耐着性子等待时机和时机出现时的果断出击是专业短线高手最重要的基本功。

——只铁战法第 32 条

【11 月 12 日】

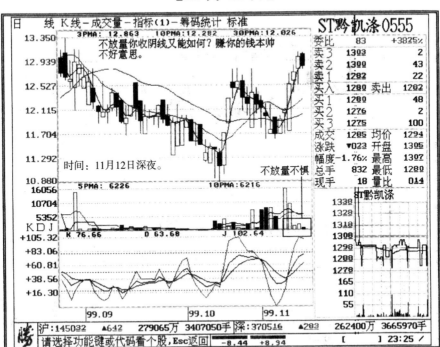

盘口解读：大幅缩量

◇ 当日小阴洗盘。

◇ 但成交量大幅萎缩。

◇ 这样的洗盘又能吓着谁呢?

◇ 市场主力做盘手法真是极其蠢笨与单调。

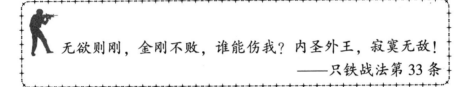

无欲则刚，金刚不败，谁能伤我? 内圣外王，寂寞无敌!
——只铁战法第 33 条

【11 月 15 日】

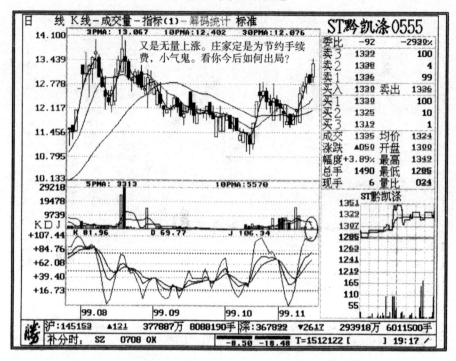

盘口解读：无量上涨

◇ 又是老一套手法——无量上涨。

◇ 看来市场主力的确黔驴技穷再没别的本事了。

◇ 要不就是吝啬，为了节约交易成本。

◇ 这样的股票今后出局艰难哦，看你怎么办！

> 在我的生命意义之中，宗教是一种境界、是一种专注、孤独、寂寞、神圣而无悔的生涯。夜雨独行、寂寞如歌……
>
> ——只铁战法第 34 条

【11 月 16 日】

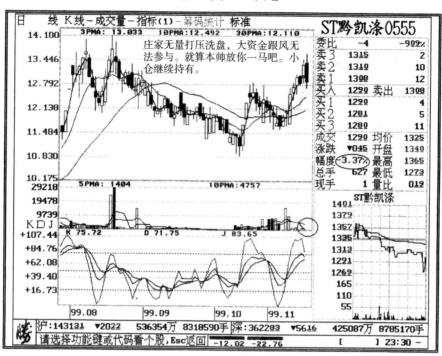

盘口解读：无量打压

◇ 当日阴线看似凶狠，一举阴吞阳。

◇ 看来市场主力还是想吓吓人，不能总是很温柔。

◇ 只可惜成交量小得可怜，谁又怕谁。

操盘手记：

◇ 本帅大资金无法参与，小仓继续持有。

【11 月 18 日】

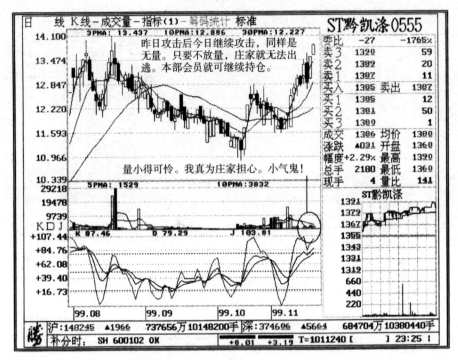

昨日攻击后今日继续攻击，同样是无量。只要不放量，庄家就无法出逃。本部会员就可继续持仓。

量小得可怜。我真为庄家担心。小气鬼！

盘口解读：无量攻击

◇ 前一日和当日都出现无量攻击。

◇ 对我们来说，只要市场主力不放量，就是安全的。

◇ 我只是为市场主力担心，这样做盘今后怎么出局？

买卖动作展开得犹豫、迟缓，是实战操作者心态控制成熟度低下的标志，是实战操作者心灵意志力脆弱的表现，也是妨碍投资者朝专业晋级的最大障碍。

——只铁战法第 35 条

【11 月 19 日】

盘口解读：放量过顶

◇ 当日攻破前期高点。

◇ 在这个关键技术位置终于放了点量出来。

◇ 看来市场主力对技术分析还是懂得一点的。

操盘手记：

◇ 本帅的小仓应该无问题。

【11 月 23 日】

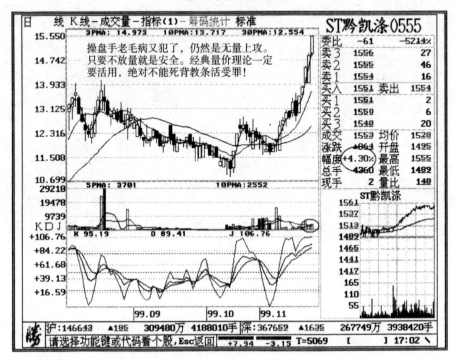

盘口解读：无量上攻

◇ 操盘手又使出了老招数。

◇ 坐庄操盘的手法如此单调，坐庄真是一种痛苦。

◇ 千万不要以为有钱就可以坐庄，缺乏科学化、规范化和专业化管理，任何投资都将招致失败。

> 实战交易系统必须做到——科学性、规范性、专业性、独特性和完备性。独特性要求的是要切实符合自己的个性风格！
>
> ——只铁战法第 36 条

【11 月 24 日】

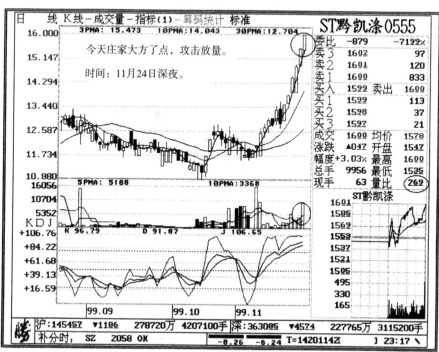

盘口解读：放量上行

◇ 当日终于看见放量了。

◇ 下午复牌后，盘中震荡整理，以最高价报收。

◇ 该股当日总算有了点生气。

操盘手记：

◇ 不放大量继续持仓。

【11 月 25 日】

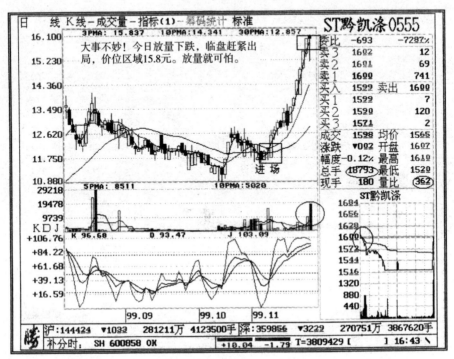

盘口解读：放量下跌

◇ 当日略微高开就向下急探。

◇ 可怕的是下跌时量放得很大。

◇ 虽然尾市被强行拉起，但当日的 K 线形态已是非常难看。

◇ 在目前这样的技术位置做尾盘，就是市场主力在勾引对技术分析一知半解的人下油锅。

操盘手记：

◇ 大事不妙，本帅走为上策。

【11 月 26 日】

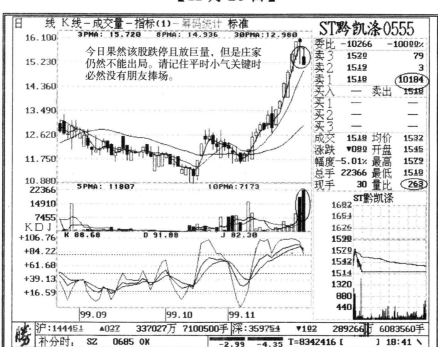

盘口解读：巨量封跌停

◇ 前一日尾盘抢进的人，当日都被消灭了。

◇ 如果在 10：00 时以前还心存幻想的话，出逃机会可就一去不复返了。

◇ 愚蠢的市场主力，这样又怎能出货呢！真是痛苦啊痛苦。

> 在临盘实战操作中你必须是机器人，必须无条件毫无情绪地执行自己的交易系统！这代表着你已经迈入专业选手的行列。
>
> ——只铁战法第 37 条

专业训练，铸就成功 下篇

——实战擂台成果

　　股票投资是学问，它绝对有规律可循。把握了股价运动规律，赚钱就成为一种必然，投资者也就具备了赚钱的本领，而不是碰运气瞎炒一通。也只有在把握了股价运动规律的前提下赚到的钱才是我们应该赚的钱，否则就是靠运气，这是投资大忌。几百年来，从没有过靠运气在投资市场稳赚不赔的先例。每一位投资者在涉足市场之前都必须深刻检查自己是否真正具备了赚钱的本领，否则你所面临的将是巨大的投资风险。而取得本领必须经历刻苦严格的专业化训练，除此以外别无他法。千万不要寄希望于有什么捷径可走，投机取巧最终必将为之付出惨重代价。

为便于广大读者进行专业化训练，提高实战操作水平，同时也展现只铁实战军校的风采，作者特意选录了军校实战擂台赛中几位同学的参赛纪录，在此公开。所有参赛者均为实盘操作。所选的几位同学都是技术水平处于成长阶段的普通投资者，相信他们在比赛中所遇到的问题和困难，也是广大读者在实战中所遇到的。公开操作记录的目的，一是向读者传授专业化训练的方法；二是通过参赛者在比赛中的感想和领悟给读者以启迪；三是通过操作点评解答读者在实战中所遇到的类似问题。但更重要的，是希望用他们百折不挠、不达目的誓不罢休的坚强意志，来感染和鼓励读者，在通往成功的艰苦道路上勇敢地、满怀信心地一直走下去……

需要说明的是，选手的操作记录，最初是在网站上以发帖的形式发表，本书汇编的所有操作记录，均保持了原样。而操作点评，是作者在编写本书时所作。

一分耕耘一分收获，只要持之以恒，用这样的专业化方法训练自己，付出常人不愿付出的努力，成功一定属于你！

第1章 专业典范——朱宇科

朱宇科实战操盘手记 （第1期）

朱宇科1月18日参赛。

参赛资金：36394.42元。

持仓状况：600282南钢股份4000股，买价7.15元。

资金余额：7794.42元。

● 发表于1月18日11:45:47

参赛时间晚了一些，但是目的是为了学习。

我坚持每日做交易笔记已经超过一年了，始于2001年1月5日只铁老师对我持股600750东风药业的指导及鼓励，希望能再次得到老师的指导和鼓励，让我在这个温暖的大家庭茁壮成长。

朱宇科计划第1号

● 发表于1月18日01:50:52

大盘背景

当日大盘小幅低开，证明前一日多头反攻宣告失败，开盘是清仓良机。果然多方抵抗了2小时后终于被空方击溃，前一日开盘位被轻易击穿，盘中主力联合沽空。低位逼仓意图明显，下午2点终于引出恐慌抛盘，涨跌幅榜上空方绝对占优势。所有周期图表均线都向下发散，股价下跌成为主旋律。同时量能并未充分放大，表明次日大盘还有下探要求。但由于大盘从日线到小周期图表指标都处于低位，并且两市竟有56只个股跌停，物极必反，反弹随时都可能发生，因此下午2点半后逢低吸纳走势强于大盘的个股成为可能。

操盘手记

➢ 持仓600282南钢股份。

总则

➢ 捕捉确定而不是模棱两可的获利战机。出手一定要赢！

投资项目

➢ 参战战场：上海证券交易所。

➢ 投资品种：600282南钢股份。

➢ 投入兵力：5000股。

➢ 预计投资回报：10%。

➢ 投资风险：<3%。

➢ 投资期限：1月17日开始，最多5天。

参与理由

➢ 该股月、周线图表指标都处于低位，月K线连续4根出现长下影线，日线指标刚从低位金叉向上。

> 前一日放量突破 30 日均线，标志着盘底阶段完成，上涨成为主旋律；

> 市场主流资金流向钢铁、石化及汽车类大盘股。

> 当日大盘暴跌，该股明显抗跌，有强势主力护盘。

投资策略

> 集中计划资金，寻找技术底点，以保护形式分批进场。

> 实战中强调操作果断。

操作要求

> 动用资金满仓进场操作，寻找技术低点分批建仓。

> 当股价发出卖出信号时，应果断出局。

> 坚持操作原则，具体实施时必须做到技术条件苛刻地符合要求，非计划内的事决不允许操作。

风险控制

> 根据"短线神枪手"提示卖出信号坚决出局。

> 并且一旦失算立即止损。

投资回报

> 理论空间 8 元，赢利率 10%。

建仓部署

> 第一仓：1 月 17 日在 7.15 元建仓 4000 股。

进出依据

> 波浪理论。

> 分时技术图表系统，指标系统。

> 江恩百分比支撑，阻力价格带运用。

出场区域

➤ 8元附近，实战以信号为准。

困扰问题

个股有时在小周期图表沿 30 日均线上攻时，3 日、10 日均线经常金叉、死叉再金叉，其间操作空间很小，有被三震出局之感。只能眼看个股越涨越高。请问如何处理？谢谢！

只铁短评：发表于 1 月 18 日

◇ 好好坚持写操作日记，日久必有进步！

◇ 在大盘没有走稳的情况下，建议尽量采取超短线操作，为
　 你加油！

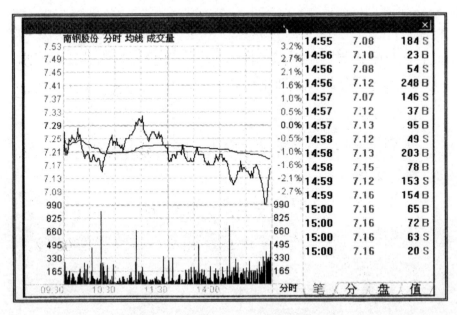

图 1-1　1 月 17 日南钢股份

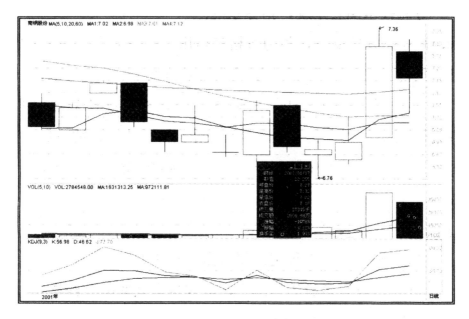

图 1-2　1 月 17 日南钢股份

只铁操盘点评

◇ 专业化的管理是操作的重中之重，计划书制定得很完备，对大盘背景分析较为准确。

◇ 以专业化方式来规范操作就是很好的开端；在风险管理上已有专业化的考虑，但资金管理上不应满仓操作。

◇ 介入时机欠佳，大盘正进入恐慌杀跌中，技术系统没有买入信号，要考虑大盘对个股的制约。

◇ 品种选择不错。

朱宇科计划第2号

● 发表于 1 月 19 日 02:28:36

大盘背景

当日大盘正如预期低开低走，第二波破位竟然下跌 20 点，是普通的两倍，表明短线空方能量已经释放到极点，此时积极备战是首要任务。

果然 10:30 过后，大盘在分时震荡图上筑成双底，在以 600799 科利华为首的高科技股的带动下，多方开始反攻，此时不战更待何时？

下午，多空双方围绕前一日收盘价反复争夺，尾盘空方略占上风，表明多方态度并不很坚决，K 线是带长上下影线的带量小阳线，尽管成交量放大了 4 成，但还是略有欠缺。

下一交易日大盘是高开或底开将决定短线趋势，重仓者应注意风险，保持清醒的头脑，持股一旦滞涨坚决出局，毕竟这是空头市场，同时关注休息日的基本面变化以及 1 月 21 日至 22 日左右的时间之窗。

操盘手记

➢ 10:40 左右于 7.23 元买进 1000 股 600282 南钢股份。

买进理由

➢ 大盘报复性反弹开始。

➢ 该股创当日新高。

➢ "短线神枪手"买进信号出现。

风险控制

➤ 大盘低开，个股滞涨并且量比小于1，"短线神枪手"卖出信号出现，出局无悔！

➤ 同时非常感激老师对我的忠告及真诚的鼓励，我会认真听取并加倍努力的！

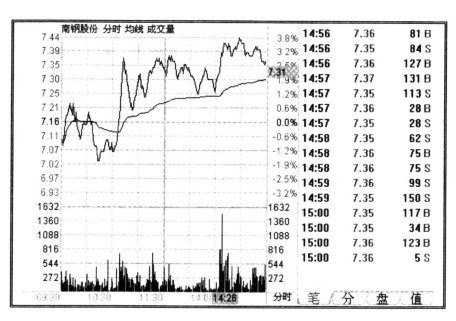

图 1-3　1 月 18 日南钢股份

耐心、细心、决心、狠心！

只铁操盘点评

◇ 当日在股价微微放量创出盘中新高时买进，短线买点把握
基本正确。

◇ 资金管理上还是存在问题，当时大盘背景还不具备满仓操
作的条件。

◇ 时刻牢记心态控制、资金管理和过硬的技术三大法宝。

朱宇科计划第3号

● 发表于1月22日 03:41:27

大盘背景

前日不幸左臂骨折，但斗志不减！当日大盘低开。预示大盘
又将下跌，遵照老师指导的超级短线原则，在必然的反抽前一日
收盘价的反弹中，17、18日进场的短线资金全线出局。毕竟个股
敌不过大势。

果然不出所料，10:30过后，大盘又开始了一轮惨无人道的
跌势，尾市大跌48点，沪深两市跌停股（包括将近跌停）数量
超过了200只，只铁战法的威力显现无遗。

根据当日走势，次日大盘将还有惯性下挫，但22日时间之窗
的来临以及短线做空极点的即将到来，表明次日很可能又有超级
短线买点可寻，请密切关注！

操盘手记

➤ 卖出南钢股份：7.31元4000股、7.32元500股、7.38元
500股。

> 以 0.8421 元买入基金裕阳 10000 股。

买进理由

> 大盘大跌基金群体走强。

> 该基金超跌并底部放量上攻。

> 日线指标低位金叉，60 分钟指标强势发散。

> 下午 1:15 开始挂单买一价 0.83 元，至尾市无法成交，说
明抛压极小，于是以 0.84 元坚决买进。

风险控制

> 不再继续放量攻击则出局。

资金余额

> 28526.01 元。

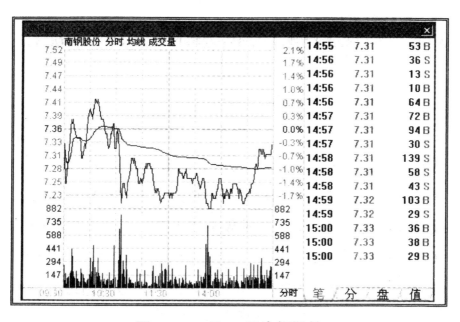

图 1-4　1 月 21 日南钢股份

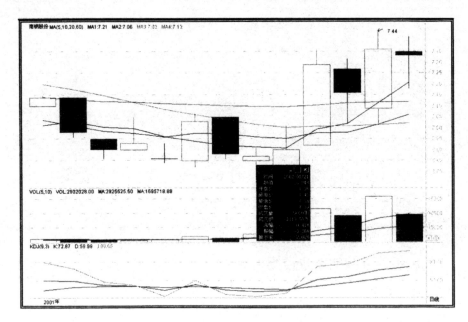

图 1-5　1 月 21 日南钢股份

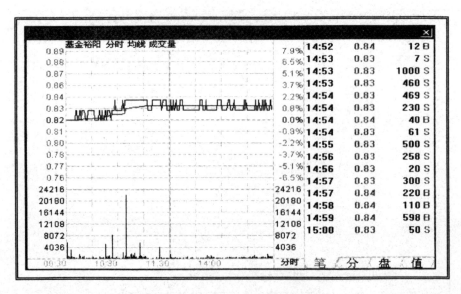

图 1-6　1 月 21 日基金裕阳

只铁操作点评

◇ 此大盘背景下，满仓操作心理压力太大，按计划出局规避风险，做得不错。但在技术上理由不充分。

◇ 将南钢卖出，是因为不看好大盘，但马上又买进基金裕阳是不是盲动？盘中涨跌的诱惑是专业投资者一定要抵御的。

朱宇科计划第 4 号

● **发表于**：1 月 22 日 21：02：30

大盘背景

当日大盘继续低开，表明下跌仍然是短线主要方向，但是在今天这一特殊日子，多方至 10：45 在科技股的带领下进行了 3 次有力的进攻，最高攻到 1400 点整数位。

之后多方停止进攻，多空平衡了 1 个半小时。下午 13：45 空方发难指数一举创新低。但 14：30 后，多方竟然能防守到收盘，并在最后 5 分钟放量上涨，全日成交量比前一日放大两成。从 5 分钟图表上可清晰看到首次阳量明显大于阴量，这说明在该点位已经开始有大资金陆续进场。虽然指数仍将继续下跌，但随着跌停股数越来越少直到消失，多方部队将日趋强大。

当然空头力量的最后宣泄也肯定是最疯狂的，因此小资金操作上暂时仍以空仓或超级短线为主，耐心等待大盘真正见底的 K 线组合及主流热点板块的出现。

操盘手记

➢ 以 0.85 元卖出基金裕阳 10000 股。

> 以 7.71 元买进 600057 厦新电子 3500 股。

证券市值

> 26740 元（7.64×3500）。

资金余额

> 9903.03 元。

总则

> 捕捉确定而不是模棱两可的获利战机。出手一定要赢！

> 短线坚决出击：厦新电子。

投资项目

> 参战战场：上海证券交易所。

> 投资品种：600057 厦新电子。

> 投入兵力：4800 股 。

> 预计投资回报：20%。

> 投资风险：<3%。

> 投资期限：1 月 22 日开始，最多 10 天。

参与理由

> 该股基本面有所改善，一举扭亏为盈，符合年底炒作热点。

> 股价长期下跌，日、周、月 K 线图表均处于低位，风险基本释放完毕。

> 近期大盘如此惨烈而该股逆市强攻，明显有实力资金介入。

> 股价突破前期平台，前一日大幅震仓回抽确认，当日上午停牌，下午复牌借利好高开高走一网打尽浮筹。主力操作手法凶狠，做多意愿强烈。

> 小周期图表买进信号出现。

➢ 大盘接近底部，风险日益减小。

投资策略

➢ 集中计划资金，寻找技术底点，以保护形式分两批进场。

➢ 实战中强调操作果断。

操作要求

➢ 动用资金满仓进场操作，寻找技术低点分两批建仓。

➢ 当股价发出卖出信号时，应果断出局。

➢ 坚持操作原则，具体实施时必须做到技术条件苛刻地符合要求，非计划内的事决不允许展开。

风险控制

➢ 根据"短线神枪手"提示卖出信号坚决出局。

➢ 若是接下来两日内不再上攻，失去短线攻击力则逢高出局。

➢ 并且一旦失算下跌，根据大盘情况，补仓再逢高出局，或立即止损。

投资回报

➢ 理论空间 9.2 元，赢利率 20%。

建仓部署

➢ 第一仓：1 月 22 日在 7.71 元建仓 3500 股。

操盘依据

➢ 波浪理论。

➢ 分时技术图表系统，指标系统。

➢ 江恩百分比支撑，阻力价格带运用。

出场区域

➢ 9.2 元附近，实战以信号为准。

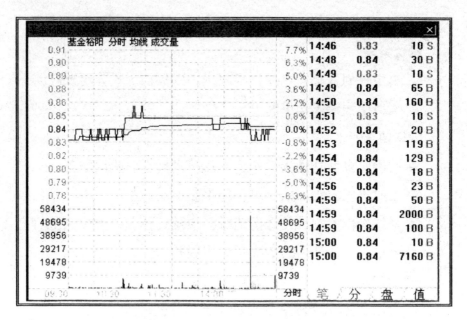

图 1-7 1 月 22 日基金裕阳

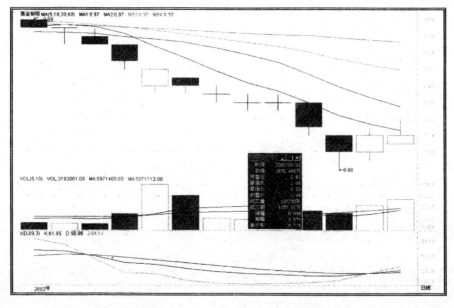

图 1-8 1 月 21 日基金裕阳

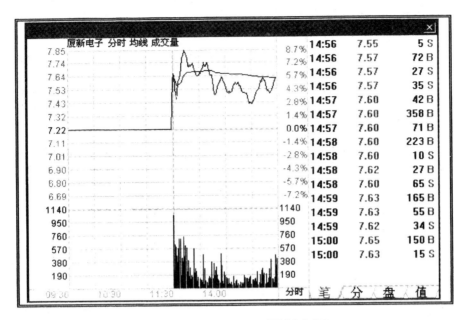

图 1-9　1 月 22 日厦新电子

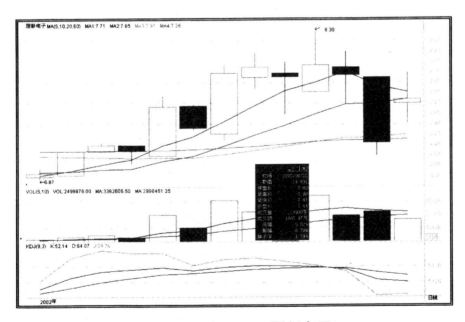

图 1-10　1 月 21 日厦新电子

只铁操盘点评

◇ 在操作 500006 上犯了随意性错误，及时出局改正，很好。

◇ 600057 计划书很详细，当日买点技术理由充分，最后成败
将体现在心理控制之上。

◇ 一切操作都要有客观、定量化的依据。

朱宇科计划第 5 号

● **发表于 1 月 23 日 22：35：18**

前一日纠正：600057 厦新电子成交价为 7.70 元。

大盘背景

当日大盘低开低走，上午既有多方上攻于前一日收盘价之上，
也有空方下压创新低的动作。上午收盘前多方略占上风，表明前
一日多头的试探性进攻绝对是有严密计划的操作，是多头正式攻
击的前奏。

果然不出所料，下午一开盘，指数就又创当日新高，多方终
于开始发动报复性反弹了。并且攻势无坚不摧，尾盘指数大涨
86.27 点，成交金额达到 88 亿，比前一日放大了将近 5 成，两市
封涨停的个股达到了 150 家左右（还不包括接近封停的个股）。

多方攻克了 5 日均线后，已经接近 10 日均线，K 线是一根包
容前 3 日最高最低点的大阳线。次日大盘将有惯性冲高的动作，
而能否放量站稳于 10 日均线之上是多头短线有能力上攻 20 日甚
至 30 日均线的关键。

从涨幅榜上看，居前的基本上是前期超跌股，今后几日这类

个股以及前期强势股包括绩优类、高科技类、次新类等是否能继续上涨非常重要，因此现在断言大盘已经反转或不会再创新低为时过早。操作上应该继续以短线为主，并同时细心观察中线机会的真假。

操盘手记

➤ 以 10.94 元买进 600567 山鹰纸业 800 股。

证券市值

➤ 37447 元。

资金余额

➤ 1102.10 元。

（投资计划书略）

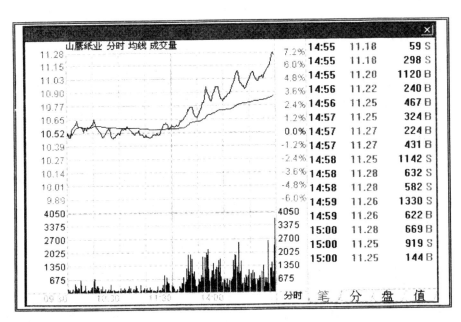

图 1-11　1 月 23 日山鹰纸业

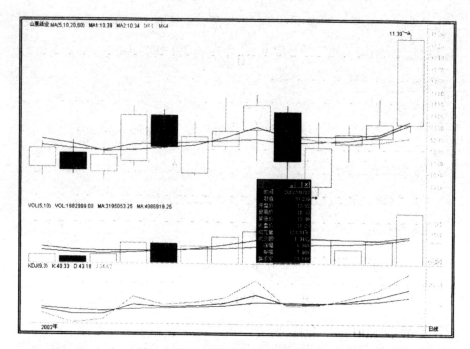

图 1-12　1 月 23 日山鹰纸业

只铁操盘点评

◇ 对强势个股的追踪上已有一定的功底，当日买点欠佳，要
在分时系统的分析上下功夫。

朱宇科计划第 6 号

• 发表于 1 月 24 日 23:51:57

大盘背景

由于前一日尾盘拉升的虚假性，当日大盘低开低走，迅速回

抽 1400 点整数位及 5 日均线技术位，确认突破后快速上攻，接连突破 10 日均线与前一日收盘价，创出本次反弹的新高，随后用 1 小时左右回抽确认 10 日均线，多方于下午 13：45 时发力再创新高，在前一个顶部上方横盘半小时后最后发力再三创新高。主力手法干净利落，场外资金大量进场，全日成交金额达 120 亿元，比前一日又放大了将近 5 成。

由于短短两天指数已经上涨了 100 多点，多头能量有所消耗，并且 60 分钟以下所有小周期指标都运行于高位很久，尾盘获利盘打压终于开始。估计次日盘中还有修复指标的过程，但日线指标的低位金叉并强势向上发散告诉我们，大盘短线最起码还可上攻一星期。操作上应该以短线思路，跟随市场热点走，注意操作节奏。

操盘手记

➤ 买进山鹰纸业 100 股，价格 10.82 元。

➤ 卖出山鹰纸业 800 股，价格 11.17 元。

➤ 买进厦新电子：8.16 元 1000 股、8.23 元 1500 股。

➤ 卖出厦新电子 8.08 元 1500 股、8.00 元 2000 股。

证券市值

➤ 21124 元。

资金余额

➤ 16235.45 元。

赢利状况

➤ 2.65%。

本日总结

虽然最近几次操作都赢利，但是也暴露出一些严重的问题，需要认真解决。

➤ 计划书制订得不够严密，有很大的漏洞，以至于几次操作都不能严格执行。本日更是乱了节奏，错误百出，不得已尾盘将前几日所持有股票平仓，以利于平复心态。

➤ 理论功底不够，特别是江恩理论，需要加强学习，以做到心中有底，使自己的操作与主力的行为早日达到同呼吸共命运的境界。

➤ 加强自己的资金管理工作，绝对避免随意性。

➤ 心态控制不够，有情绪化倾向，需要努力提高自身的修养以及思想境界。

困扰问题

当江恩百分比目标位卖点，与短线 30 分钟或 60 分钟图 3 线死叉 10 线卖点有差别，如何处理？

例如：当日山鹰纸业的走势，江恩百分比短线理论目标位是 11.65 元，但今天下午 13:45 时 30 分钟图 3 线已经死叉 10 线（虽然后来价格被拉起），而 14:30 时左右该股果然又拉高至 11.64 元。

请问只铁老师，当您遇到此类问题，您会如何处理？谢谢！

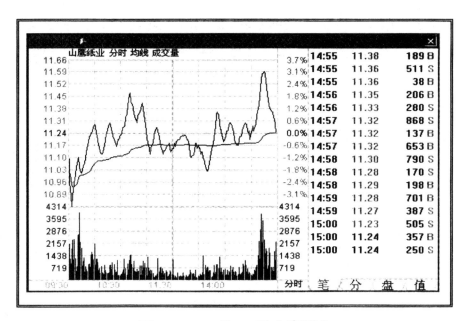

图 1-13　1 月 24 日山鹰纸业

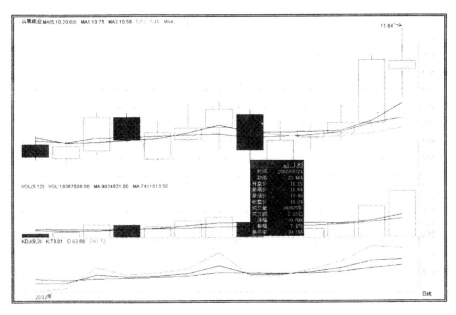

图 1-14　1 月 24 日山鹰纸业

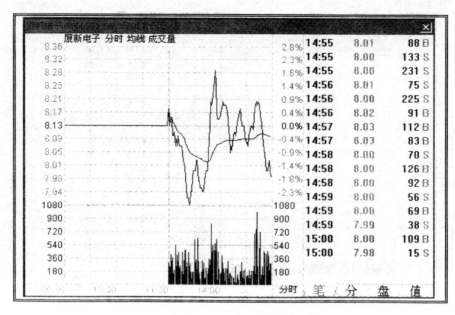

图 1-15　1 月 24 日厦新电子

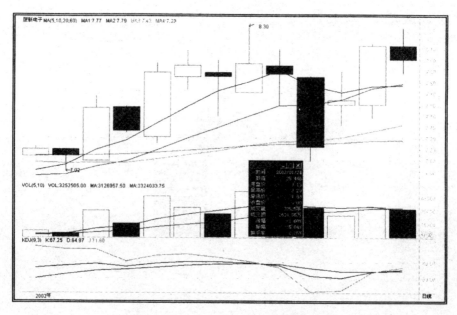

图 1-16　1 月 24 日厦新电子

只铁操作点评

随意性操作是大多数投资者的通病，今天的"买高"和"卖低"反映了两方面的问题：

◇ 其一，在大盘仍可能下跌的"恐惧"和个股上涨带来的"诱惑"双重影响之下，导致思想混乱。

◇ 其二，在交易策略及买卖交易系统的客观化、定量化上有缺陷，特别是大小周期出现矛盾时，由于对自己的技术功底信心不足，最终导致当日的错误性操作。

◇ 必须牢记：成功的投资=严格的心理控制+正确的资金管理+过硬的技术功底。

朱宇科计划第7号

● 发表于1月26日00:02:08

大盘背景

当日大盘大幅低开，显示了短线获利盘踊跃抛售的市场心态。全日指数横向宽幅震荡，主力洗盘迹象十分明显，尾盘空方略占优势，说明短线调整还将延续到下周，成交量非常配合，大幅萎缩，K线也十分规则地收出了一根小红十字星。

当日正是选股逢低介入的好时机。而下午纺织股在600689上海三毛的带动下开始走强，值得关注。下周一仍然是短线选股逢低介入的时机，注意把握操作节奏。

操盘手记

➤ 买进 600362 江西铜业：4.70 元 2400 股；4.77 元 1000 股。

证券市值

➤ 38238 元。

资金余额

➤ 93.77 元。

赢利状况

➤ 5.32%。

（投资计划书略）

本日总结

早上办事错过了厦新电子的加仓机会，也错过了做 T+0 的好机会，真是身不由己。如果自己是全职操盘手就好了，希望通过自己的努力早日成功。

下午逢低买进观察已久的江西铜业，希望有运气与厦新电子的运作周期相协调。而 100 股山鹰纸业遵照只铁老师的专业原则没有卖出信号坚决持股，绝不随意操作。

通过近阶段专业化的操盘训练，我越来越深地感受到完整、严密的计划书对胜算的决定性意义，以及"战无不胜"的真正含义——不打没有把握的仗！

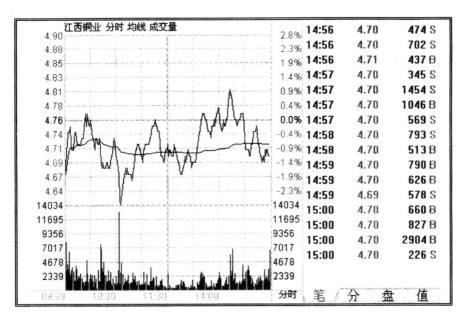

图 1-17　1 月 25 日江西铜业

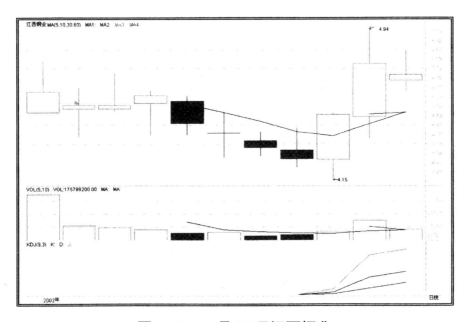

图 1-18　1 月 25 日江西铜业

只铁操作点评

◇ 对个股的分析已有较高的水平，但看对与做对、做对与做好是不能等同的。专业化的短线操作要件之一：钢铁纪律，铁血捍卫！要做到"知行合一"是很困难的，一定要将所学的知识转化为实战能力。

◇ 建立适合你自己风格并能合理利用时间的交易系统，是当务之急。

朱宇科计划第 8 号

● 发表于 1 月 29 日 00:06:17

大盘背景

当日国有股减持方案的利空消息成为盘中主力借机大肆低位震仓的有力武器，跟风盘过多的问题迎刃而解。主力的手段肆无忌惮。全日呈单边下行之势，5 日、10 日均线，包括 1400 点整数位几乎没有任何支撑，尾盘大跌 91.93 点，并且离前期 1446.17 点的低点只有十几点的距离。成交量比上一日放大两成多，明显有大量的短线获利盘及恐慌盘杀出。

次日大盘将还有惯性下跌的动作，但不管是否会击穿前期低点，这里毕竟是底部或离底部区域不远了，这一点我们必须清醒地认识到。从所有小周期图表的指标都处于低位可以看出，再次反弹随时都可能发生。

操作上，持股获利者应调整自己的仓位，不要过重；套牢者也无须大肆割肉，而应等待机会进场补仓；持币者继续耐心观望，等待是最好的选择，切忌盲目冲动地杀入，要成为真正的专业短线高手，就要做最好的临盘出击！

操盘手记

➤ 以 10.90 元卖出山鹰纸业 100 股。

➤ 以 4.59 元买进江西铜业 200 股（试探性买盘，立即成交表明上档有压力暂不加仓，同时由于大盘因利空突然暴跌，而该股绝对价位较低，下行空间极小，采用补仓策略而不进行止损）。

当日持股

➤ 厦新电子 2500 股；

➤ 江西铜业 3600 股。

证券市值

➤ 36529 元。

资金余额

➤ 241.45 元。

赢利状况

➤ 1.03%。

本日总结

经过近几日反复研判思考，发现个股目标位的判定，根据不同周期的波段，可以计算出很多个。而作为专业短线选手，实战中根据大盘的情况及个股的强弱制定出的操作计划书中，应该因地制宜地采用例如超级短线目标位、短线目标位、中线目标位等，避免实战中出现因目标位制定错位而导致计划失败，产生目标位太高遥不可及或目标位太低被踏空的情况，以至于被迫超短线变短线，短线变中长线等，最终乱了操作节奏，把心态搞坏而产生亏损。

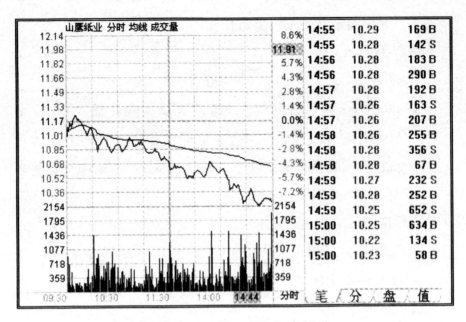

图 1-19　1 月 28 日山鹰纸业

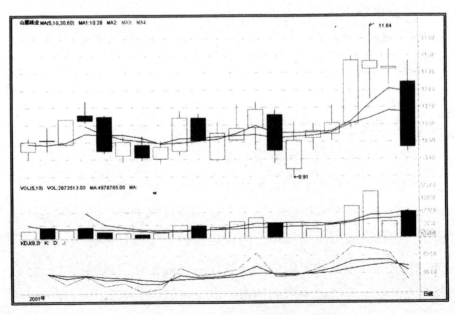

图 1-20　1 月 28 日山鹰纸业

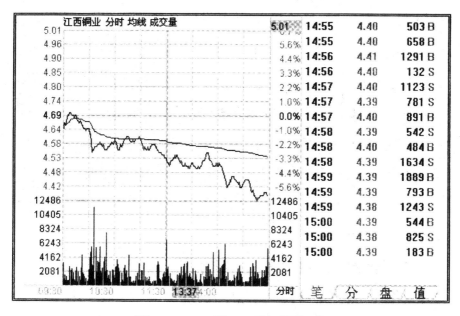

图 1-21　1 月 28 日江西铜业

只铁操作点评

◇ 大盘对个股的制约作用，在这段时间表现得很突出，要好
　好体会！

◇ 其对应措施分析得不错，但一定要执行纪律。

朱宇科计划第 009 号

● 发表于 1 月 29 日 18∶05∶47

大盘背景

当日大盘以创本轮下跌行情新低的点位大幅跳空低开，盘中
主力用意颇深：

一方面可以诱使恐慌盘以为大势已去而于集合竞价抛出低位筹

码；另一方面也化解了前一日跌势的大角度，从 5 分钟图表中可以看出恐慌盘一开盘就被一网打尽，其手法干净利落。随后技术意义上大盘开始反抽短期 5 日、10 日均线，由于短期负乖离率较大，全日多头略占上风。而在此可上可下的敏感点位，场外资金观望气氛较浓，成交量大幅萎缩了 3 成以上，呈现出价升量缩之势。

估计次日如果没有在成交量的配合下攻上并站稳 5 日均线之上，大盘完成反抽动作后还将调头向下，操作上应注意尽量减至轻仓或空仓观望，以不变应万变，将风险降到最低点——因为我们是未来的专业短线选手，操作上规范、专业、科学是我们的准则！

操盘手记

➤ 当日无操作。

持股细心观察市场主力动向，体会市场主力操盘意图，并与自己拟定的后续可能走势图相比较，培养精确的看盘的感觉，提高看盘的能力。

当日持股

➤ 厦新电子 2500 股。

➤ 江西铜业 3600 股。

证券市值

➤ 37930 元。

资金余额

➤ 241.45。

赢利状况

➢ 4.88%。

本日总结

如果制定的操作计划精确严密，势必会使自己处于非常主动的地位，同时操作心态也将经常处于良性循环之中，大风大浪有何惧？心中自有丘壑！

规范化、专业化、科学化的操作管理，一定会使我们早日获得投资成功，我们将以最快的速度成为真正的专业短线选手。

在这里我们要衷心感谢老师对我们的栽培！

朱宇科计划第 10 号

● 发表于 1 月 30 日 18∶40∶42

大盘背景

当日大盘冲高至 5 日均线附近后果然受阻回落，到下午更是创出了当日新低。虽然 2 点过后被多方强行上拉收阳，但成交量继续大幅萎缩两成，表明了场外资金谨慎的态度，多方能量明显不足。

当然由于此轮个股补涨还未完毕，个股仍将活跃。次日大盘仍然会以横向震荡为主，但同时必须注意周末短线资金面的压力，周五应该小心再小心。总之，只铁老师主张的"以谨慎的态度，做超级短线快进快出或者空仓观望"是比较稳健的策略，在将风险降低到最小的前提下，博取最大短线利润。

操盘手记

➢ 当日无操作，继续持股，一旦卖出信号出现，立即出局。

➢ 我们要做最好的临盘出击！

当日持股

➢ 厦新电子 2500 股。

➢ 江西铜业 3600 股。

证券市值

➢ 38091 元。

资金余额

➢ 241.45 元。

赢利状况

➢ 5.32%。

本日总结

当日看了只铁先生的几篇文章感触颇深——不同时期制定符合时宜的投资策略是安全获利的前提，是永久生存的基础，也是我们在茫茫股海中的指路明灯。

寻宝图的力量再次显现无遗！

只铁点评发表于：1 月 30 日 19：12：11

大家应该向朱宇科同学学习，他非常认真地每日坚持写看盘分析、操盘手记。这样训练，长久必有大进步！

朱宇科计划第 11 号

• 发表于 2 月 1 日 04：18：52

大盘背景

当日大盘大幅高开 16 点，集合竞价成交量达到 9000 万元。多只个股以涨停开盘，出现一种异样的气氛——多头开始进攻了，但热点在哪里呢？——次新基金重仓股！此时换股是最明智的选择。

刚换完股，大盘就开始轰轰烈烈地上攻了，短期均线不一会儿就被踩在脚下，全日股指大涨 95 点，最高摸至 1501 点，成交量大幅放大至近 180 亿天量，在底部这是主力资金大规模进场的标志。短线追涨终于有了安全的保障，小资金一次性满仓操作可以发挥效力了。

由于尾盘指数有所回落，次日大盘必定有回抽动作，不知是否有做 T+0 的机会？在操作中，小资金短线紧跟热点是在此波行情中跑赢大盘的关键之关键！而作为候选专业短线选手的我们，则只应该操作热点中的热点，只铁思想将伴随我们征战途中的每一刻！

操盘手记

➤ 以 8.70 元卖出厦新电子 2500 股；

➤ 以 4.68 元卖出江西铜业 3600 股；

➤ 买进 000157 中联重科：12.30 元 1300 股、12.34 元 1800 股。

起始资金

➤ 36394.42 元。

证券市值

➤ 39060 元。

资金余额

244.75 元。

赢利状况

➤ 7.41%（按持仓现价平仓扣除手续费算）。

本日总结

通过不到一个月尽心尽力的实战学习，特别是在老师们的精心指引下，以及同学们对自己经验的无私奉献下，我取得了从未有过的长足的进步。

只铁老师提倡的操作规范化、专业化、科学化，从根本上引导我走向了正确的道路，它的威力是任何技术都无法比拟的。当然技术上的欠缺还需要经过反复的磨炼才能达到指手为剑的大家风范。

最后也是我认为很重要的是——每日认真做好详细的实战笔记以及分析研判是成为真正专业高手的重要途径。

几分耕耘几分收获，《短线英雄》《铁血短线》中曾经不止一次地提到过。接下来的这个月，我有信心做得更好。大家共同扶持、共同奋斗吧！

有大家为伴，旅途不再寂寞！

总则

捕捉确定而不是模棱两可的获利战机。出手一定要赢！

坚决出击强烈反弹个股：000157 中联重科。

投资项目

参战战场：深圳证券交易所。

投资品种：000157 中联重科。

投入兵力：3100 股。

预计投资回报：14%。

投资风险：<3% 。

投资期限：1 月 31 日开始，最多 8 天。

参与理由

➤ 大盘刚开始强烈反弹，目前次新类基金重仓股是热点，该股是科系基金头等重仓股。

➤ 该股底部横盘 13 日，符合斐波那契神奇数列，底部极为扎实，当日涨停开盘，越过前期 12.50 元高点，气势非凡。

➤ 周线以下所有周期指标都出现买进信号，月线指标也处于低位。

➤ 盘中回调几次不破 12 元，筹码极其稳定。

投资策略

➤ 集中计划资金，寻找技术低点，以保护形式分批全仓坚决进场。

➤ 实战中强调操作果断。

操作要求

➤ 动用资金全仓进场操作，寻找技术低点分批建仓。

➤ 当股价发出短线卖出信号时，应果断部分出局，再于技术低位进场滚动操作。

➤ 坚持操作原则，具体实施时必须做到技术条件苛刻地符合要求，非计划内的事决不允许展开。

风险控制

➤ 根据"短线神枪手"提示卖出信号坚决部分出局。

➤ 一旦失算立即于技术低位补仓救援。

投资回报

➤ 理论空间至 14 元，赢利率 14%。

建仓部署

➤ 第一仓：1 月 31 日在 12.30 元过前一波高点建仓 1300 股。

➤ 第二仓：1 月 31 日在 12.34 元再过前一波高点加仓 1800 股至满仓，涨停基本成为定局。

➤ 第三仓：回调半仓杀跌后于技术低点补进（如果有回调）。

进出依据

➤ 波浪理论。

➤ 分时技术图表系统

➤ 指标系统。

➤ 江恩百分比支撑，阻力价格带运用。

出场区域

14 元附近，实战以信号为准。

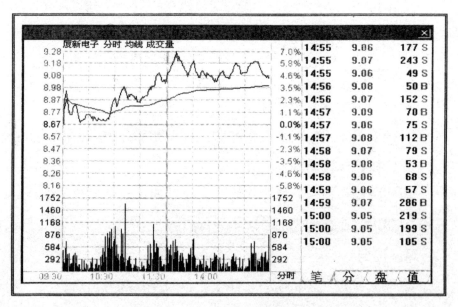

图 1-22　1 月 31 日厦新电子

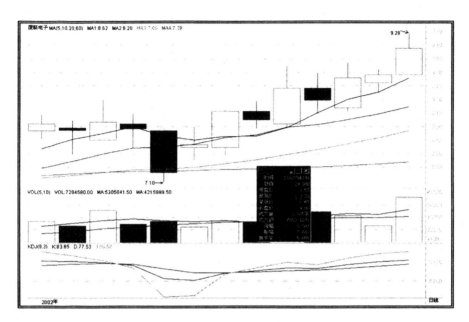

图 1-23　1 月 31 日厦新电子

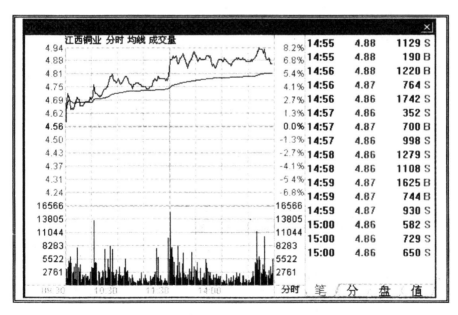

图 1-24　1 月 31 日江西铜业

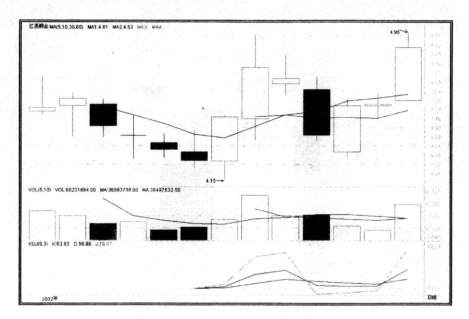

图 1-25 1 月 31 日江西铜业

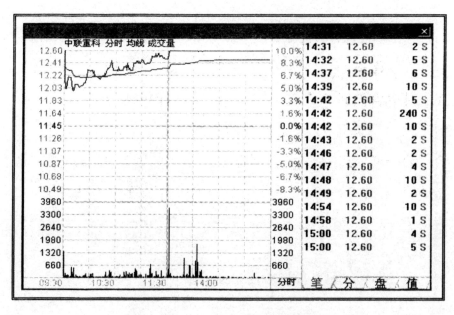

图 1-26 1 月 31 日中联重科

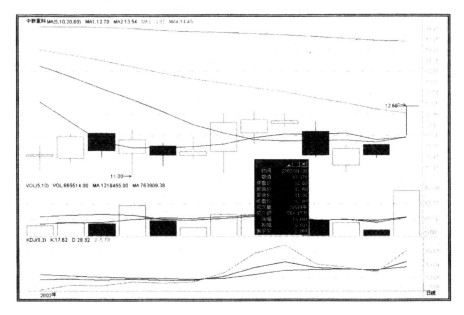

图 1-27　1 月 31 日中联重科

只铁操盘点评

◇ 对大盘的研判有较高的水准，但热点判断上有误，暴跌之后存在的巨大价差是反弹的主要动力。

◇ 600057 与 600362 出局在大周期上技术理由不充分，若为提高资金利用率，尚可。但一般应用在连续上涨行情中。

◇ 000157 判断正确，买点不错。对盘口判断已有较高的水平。

◇ 每天写日记的良好习惯是专业化训练的必由之路。

朱宇科实战交易账户 （第 2 期）

朱宇科计划第 12 号

● 发表于 2 月 2 日 11:44:57

大盘背景

当日大盘早盘高开高走，全日为冲高回落的横向宽幅震荡走势，市场主力并不急于拼命拉抬股价，而采取放手让短线盘自由换手的策略。房地产类及本地类板块略有表现。

从成交量上来看，虽然比前一日缩小了三成，但仍然达到了130 亿元。短线获利盘充分涌出，交投非常活跃，从尾盘空方略占优势来判断，下周一大盘继续顺势回抽前期小头部及短期 5 日均线成为定局。

操作上，应该等待个股回调充分产生技术上买点时再次介入。当日的缩量也暗示了多头气势不足，抢反弹还是目前主要策略。切忌盲目乐观。当然，持有一定仓位防止被轧空也是稳健的做法，一颗红心两手准备。

起始资金

➢ 39304.75 元。

当日持股

➢ 000157 中联重科 3100 股。

证券市值

➢ 40641 元。

资金余额

➢ 244.75元。

赢利状况

➢ 4.02%。

操盘手记

➢ 当日无操作。

由于使用系统深圳代码升级调试，T+0无法实施，又少了至少5%的赢利。但基本计划已经严密制定，因此持仓不动！

本日总结

作为一个真正的专业短线选手，如果离开了盘面，犹如巧妇难为无米之炊，技术系统始终是短线选手们赖以生存的唯一途径，任何所谓凭借市场感觉就能获得成功的说法是绝对的骗局，我们千万不要相信，我今天就是活生生的实例！

朱宇科计划第13号

● 发表于2月4日23:11:38

大盘背景

当日大盘早盘平开冲高回落，虽然创出盘中新低，但是从未能回至前期头部来看，主力已经不想再让散户捡取便宜筹码，于是很快盘中新高又出现了，略做整理后，大盘迅速攻克1500点整数关，全日最高攻到30日均线附近。

从K线小阳及成交量大幅萎缩近四成来看，明显是蓄势攻击30日均线之状，同时也表明底部筹码锁定性很好，恐慌性抛售不复存在。大盘继续上涨的原动力具备了。次日由于小周期指标明显偏高，大盘通过小幅整理调低指标再冲关是可以预期的，操作中要注意新的领涨板块领头羊的出现，及时换股操作。

起始资金

➢ 39304.75 元。

当日持股

➢ 000157 中联重科 3100 股。

证券市值

➢ 42439 元。

资金余额

➢ 244.75 元。

赢利状况

➢ 8.60%。

操盘手记

系统升级调试还未完成，看不到盘面，把实单挂到 13.95 元未成交。持股离目标位很近，从当日缩量大涨收光头阳线看，次日到达 14 元目标位将不成问题。但小周期指标的高位钝化也预示短线调整将随时展开，次日早盘冲高狠心出局换股操作是明智的决定，如果先下调整理则继续耐心持股，等待卖出时机！

本日总结

胜兵先胜而后求战，败兵先战而后求胜。

两日不看盘，总觉得次日的换股操作有几分没底。还好，预计次日大盘将震荡调整，使我有足够的时间来研判新的短线热点——不是机会不出手！我们一定要作最好的临盘出击，操作质量永远胜于操作数量，只铁老师的话又回响在耳边！

朱宇科计划第 14 号

● **发表于 2 月 5 日 21:28:22**

大盘背景

当日大盘早盘冲高无力，终于如预期开始强势整理，低价套牢庄股继续反弹自救，尾盘 30 分钟指标金叉显示了超短线调整接近尾声，并且在调整中指数已经攻克了 30 日均线，次日大盘将再次上行，如果没有增量资金的热点出现，攻击时间也不会太长，操作以快进快出的超级短线为主，避免不可预测的风险。

起始资金

➤ 39304.75 元。

当日持股

➤ 000559 万向钱潮 2900 股。

证券市值

➤ 32596 元。

资金余额

➤ 9641.71 元。

赢利状况

➤ 7.46%。

操盘手记

➤ 以 13.68 元卖出中联重科 3100 股（早盘冲高乏力，小周期指标普遍偏高，离目标位不远，大盘将要展开盘中调

整，15分钟卖出信号出现，立即出局，耐心等待再次买
进信号的出现）。

➤ 买进万向钱潮：11.277元2000股、11.16元900股。

（投资计划书略）

本日总结

心浮气躁是专业选手晋级的大碍，当日早盘的买进为何不等
创新高后执行呢？只差一两分钱，难道真的那么重要？不遵守原
则只能带来观看它继续调整的恶果，并且该部分持股买在全日最
高价，尾盘还有亏损。下午调整心态在正确技术点位买进的仓位
无疑处于获利状态。看来对于改正随意操作的陈年恶习是我目前
工作的重点——耐心！

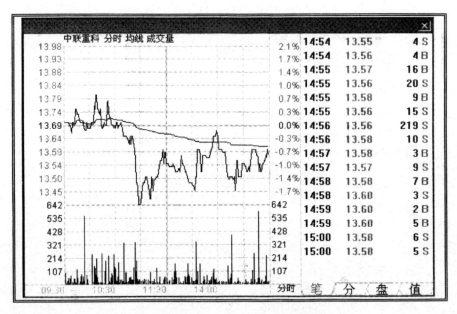

图1-28　2月5日中联重科

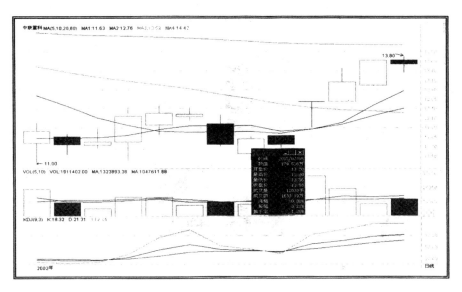

图 1-29 2 月 5 日中联重科

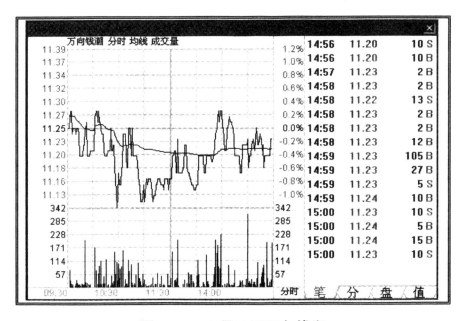

图 1-30 2 月 5 日万向钱湖

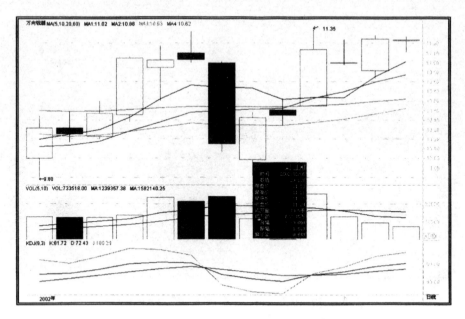

图 1-31　2 月 5 日万向钱湖

只铁操作点评

◇ 按计划操作是专业投资者所必备的素养，实战信号是我们
进出的最高原则。

◇ 当日 000157 卖点不错。

◇ 000559 在分时系统中买点没找准，也不必后悔，更重要的
是在操作中保持良好的心态。

朱宇科计划第 15 号

● 发表于 2 月 7 日 01：39：54

大盘背景

当日大盘由于增量资金的匮乏，只能选择向下调整，指标偏

高的忧虑终于成为现实。但成交量的下跌萎缩表明市场心态还算良好。盘中高科技股有所活跃。

从目前情况看短线调整有望于次日下午结束，目标位在 10 日均线附近，主流板块应该到粉墨登场的时候了，再起波澜的板块究竟是什么呢？让我们耐心等待。

前一日判断失误的仓位次日有待处理，错就是错，不应该逃避！如果新热点出现则只能止损换股了，但愿是蓝筹股……

起始资金

➢ 39304.75 元。

当日持股

➢ 万向钱潮 2900 股。

➢ 南京熊猫 600 股。

证券市值

➢ 39652 元。

资金余额

➢ 1339.70 元。

赢利状况

➢ 4.29%。

操盘手记

以 13.76 元买进南京熊猫 600 股。该股具备潜力，买点也正确，但忽略了首要要素——大盘，次日一旦不对，坚决出局，决不再做错！

本日总结

心情沉重的一天！前一日一次小小的失误引来了今天的完全被动。原因有三：

➢ 不遵守买进原则——不创新高不买。

➢ 对止损位的制定马虎、不客观，导致计划思路混乱、不严密。

➢ 心态不平和，看对大盘要调整，也知道个股不敌大势，当日抵挡不住诱惑盲目买进，致使当天就被套。活该！

需要改进之处

➢ 锻炼心态，努力达到耐心、细心、决心、狠心的大师境界。

➢ 建立不同阶段利润最大化、风险最小化的投资策略，争取任何阶段都能跑赢大盘，积小胜为大胜。

➢ 完善交易系统，尽量做到每个细节客观、严密，无特殊情况不随便更改，这是投资不是儿戏。

➢ 遵守操作原则，非计划内的事绝不展开。

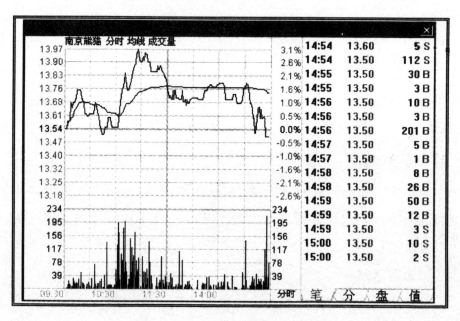

图 1-32 2 月 6 日南京熊猫

只铁操作点评

◇ 对操作中的失误应该从技术上、心理上、资金管理上找原因，哪个环节出问题就解决哪个环节。

朱宇科计划第 16 号

● **发表于 2 月 8 日 02:08:24**

大盘背景

当日大盘低开高走，在高科技板块的带动下竟然毫不回调地向上攻击，比预计强许多，并且一举收复了前一日失地，重新站上了 30 日均线。但量能反而减小两成，表明当日的拉升是靠技巧完成的，在春节前兑现现金的高峰让散户获利出局。

如此做法是不是太好心了？因此节后突然轧空的可能性增大了。此时，次日如果大盘不坏，持一定仓位过年应该是比较明智的策略，真正增量资金的热点将在节后出现，让我们拭目以待！

起始资金

➢ 39304.75 元。

当日持股

➢ 600775 南京熊猫 2300 股。

证券市值

➢ 31763 元。

资金余额

➢ 9453.19 元。

赢利状况

➢ 4.86%。

操盘手记

➤ 以 11.003 元卖出万向钱潮 2900 股（看错不能做错。此股不是热点，该股行进路线有不确定性，短线坚决止损出局）。

➤ 买进南京熊猫：13.794 元 1000 股、13.78 元 1300 股。

➤ 以 13.85 元卖出南京熊猫 600 股（为次日套现）。

本日总结

当日的狠心使自己很满意，虽然亏损，但对自己能坦然面对错误感到高兴。这几天家中系统无法使用，只能在证券公司中户室看不熟悉的盘面，感觉很差。油然感慨武侠小说中大侠们称手的兵器一说，同时想到世界台球高手一生只用一根球杆的事实。俗话说"胜兵先胜而后求战"，若晚上无法研判，无法为第二天做准备，第二天"败兵先战而后求胜"自然就形成了！看来，要成为一名专业短线高手，硬件和软件的双保险也是成功的必要条件！

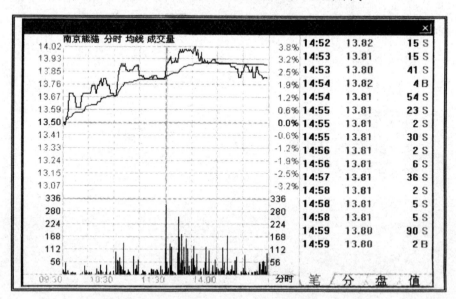

图 1-33　2 月 7 日南京熊猫

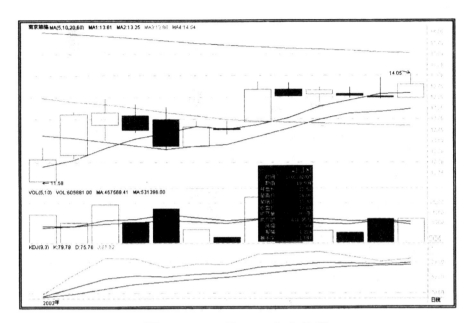

图 1-34　2 月 7 日南京熊猫

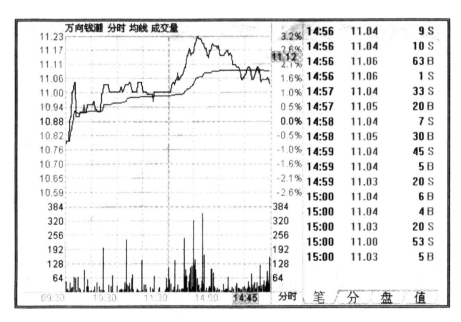

图 1-35　2 月 7 日万向钱潮

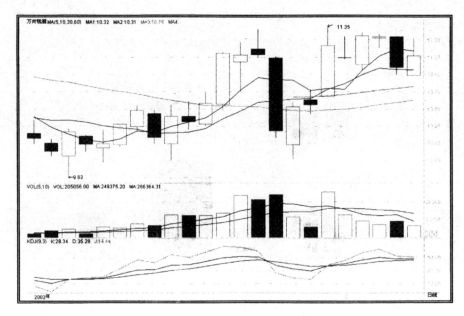

图1-36　2月7日万向钱潮

只铁操作点评

◇ 遵守纪律这条执行得不错，但万向钱潮出局理由不充分，要好好总结。短线操作进出一定要建立在中期安全的前提之下，对分时信号的识别要用心鉴别。

◇ 对热点的判断不能以主观意愿来认定，盘口已产生的热点才是真正的热点。

朱宇科计划第17号

● 发表于2月11日00:14:17

大盘背景

当日大盘早盘跳空高开，冲高回落，创出本轮反弹行情新高，成交量大幅萎缩两成以上。尾盘收于全日次低点。明显是主力为了测试上档压力并修复过高的短线技术指标，为春节后行情的延续奠定基础。下一个交易日（春节后）大盘会继续惯性下跌，当短线指标修复完毕后，真正的热点会隆重推出，潜力最大的次新板块将最有可能担当重任，让我们耐心拭目以待！

2 月 8 日的资金状况要等到节后才能知道。

操盘手记

➢ 以 13.8 元卖出南京熊猫 2300 股（当日该股没有放量上攻，慢牛走势基本成定局。我们的目标是追击高速行进中的股票，因此逢高坚决出局换股）。

➢ 以 15 元买进 600330 天通股份 2100 股。

（投资计划书略）

本日总结

由于系统升级收不到行情的原因，本星期的操作不尽人意，而目前已经有同学本期赢利将近 40%。因此，为了迎头赶上，春节过后我必须提高资金使用效率，尽量采用超级短线操作，弃弱扶强。争取缩小与领先者的差距。同时，在这种高风险的操作中，我更要加强风险控制管理，努力贯彻只铁老师提倡的利润最大化、风险最小化的宗旨。

先胜而后战！

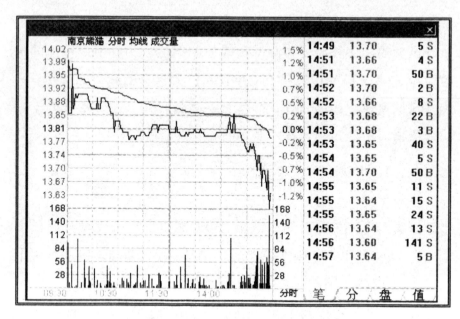

图 1-37 2 月 8 日南京熊猫

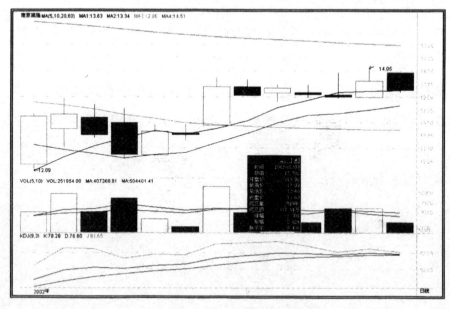

图 1-38 2 月 8 日南京熊猫

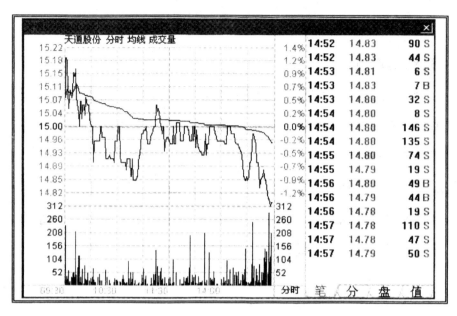

图 1-39　2 月 8 日天通股份

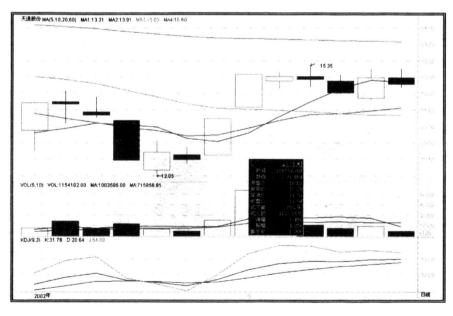

图 1-40　2 月 8 日天通股份

只铁操作点评

◇ 频繁地换股反映出心态的急躁，擂台赛更加重了业绩压
   力。分析上基本没错，但做得就差一点，这说明心理控制
   在实战中的重要地位。

◇ 要去获取属于你的必然的胜利！做热点中的焦点是小资金
   快速赢利的捷径，除此之外别无他法。今天买进天通股份
   在分时图上可看出最佳买点已过，买点次佳。

朱宇科计划第 18 号

• 发表于 2 月 25 日 19:24:48

起始资金

➢ 30722.13 元（2 月 8 日一早提现 9000 元，按照 2 月 7 日收
   盘时赢利率 4.86312% 计算出）。

当日持股

➢ 600330 天通股份 2100 股。

证券市值

➢ 32802 元。

资金余额

➢ 235.39 元。

赢利状况

➢ 7.54%。

大盘背景

当日大盘兑现了春节期间的降息利好，大幅高开 34 点，短

线获利盘涌出后，全日指数呈横向震荡之势。从日线图表上看指数已经成功突破前期平台，短线向 1630 点阻力位上攻成为定局，但成交量只是温和放大以及日线指标高位钝化，表明上攻形式只能是震荡上行，盘中热点的高速转换对短线选手提出了较高的要求。

估计次日大盘仍将震荡上行，手中持股一旦滞涨应该立即换股操作，因此后备品种的准备到位就显得尤为重要。争取在风险最低化的前提下尽量提高实战收益率，缩小与领先同学的差距是我目前最主要的任务。

操盘手记

➤ 持股不动。

次日起，将注意目标位附近实战出局信号的出现，我们要做最好的临盘出击！

本日总结

战斗前的紧密部署使自己处于有备而来的有利地位，我终于体会到"胜兵先胜而后求战"思想的伟大，在这种情况下良好的心态怎么不会长期与自己相伴？放假期间对于《铁血短线》《飞越巅峰》《永久生存》《青木炒股方略》和《股市技术分析实战技法》等书籍的认真领悟使自己的境界又提高了一大截，常感谢这些具有高超技艺的前辈们无私的奉献！希望自己将来也有能力写出有如此高水准的佳作，为中国股市的发展贡献自己的力量。

朱宇科计划第19号

• 发表于 2 月 26 日 16:17:18

大盘背景

当日大盘小幅低开低走，回补前一日缺口后，于下午 2 时开始上攻，尾盘收于全日最高，并略高于前一日收盘位。成交量大幅萎缩两成，为价跌量缩的健康态势。表明我判断指数为震荡上行的格局是正确的。短线大盘还有 2 至 3 日的上攻能力，1630 点附近注意短期风险，到时短线调整后本轮反弹真正的主流热点会出现。操作上星期五左右短线出局，耐心等待主流热点的大爆发，及时跟进！

起始资金

➢ 30722.13 元。

当日持股

➢ 600330 天通股份 2100 股。

证券市值

➢ 32928 元。

资金余额

➢ 235.39 元。

赢利状况

➢ 7.95%。

操盘手记

➢ 早上出去办事，T+0 无法实施，坚决持股不动，不为盘面所诱惑。

本日总结

当日盘面个股仍然非常活跃，不禁感叹个人能力之渺小，只铁老师的话又在耳边回响起来："我们是人不是神，我们只能把握自己能力范围内的机会，任何追求完美的想法都是投资上的低能。"想起武侠小说中各式各样的武功，我为自己学习的是只铁老师的"少林正宗"武功而感到幸运和自豪，希望有一天能达到老师寂寞无敌的境界。

朱宇科计划第 20 号

- 发表于 2 月 27 日 22：05：18

大盘背景

当日大盘继续震荡向上，成交量比前一日略有放大，这种盘局将维持到 1630 点附近，当然中间也不乏小回档调整过热的指标。盘中个股持续活跃的反弹正在有序地进行着。紧跟热点的短线操作思路应该是正确的。星期五左右盘中应注意短线获利盘和透支盘的兑现动作，顺势出局或减仓，避免不可预测的风险，等待短线调整后再次进场的机会。

起始资金

➢ 30722.13 元。

当日持股

➢ 600330 天通股份 2100 股。

证券市值

➢ 32928 元。

资金余额

➢ 235.39 元。

赢利状况

➢ 7.95%。

操盘手记

➢ 盘中调整已近尾声，次日将有拉升动作，持股不动。

本日总结

在震荡向上的格局中，一般热点转换较快，为了加快盈利速度，小资金专业短线选手应该以超级短线操作为主，制定计划时尽量选择爆发力强的个股，目标位也应以最近为好。自己这几天收益率几乎停滞不前是很深刻的教训。当然大资金思路上应以稳健为主，但这是比赛，真正的专业短线选手必须苛刻地严格要求自己。我们一定要做到能力范围内的最好。

朱宇科计划第 21 号

● 发表于 2 月 28 日 18：43：17

大盘背景

当日大盘持续震荡，短线获利盘陆续涌出。全日空方略占上风。前一日预感到的短线调整提前开始了。

日线指标的高位死叉似乎有些可怕，但成交量保持温和，日线图表刚运行于 30 日均线之上一星期，当日止跌于 10 日均线之上，小周期图表都处于上升初期，短线阻力位远还未到，种种迹象都表明大盘根本没有任何问题。

大盘由个股构成，如果盘中绝大部分股票均处于股价循环第一阶段或第二阶段初期，大盘还有可能大跌吗？真理往往存在于最简单的道理之中，我们这些预备专业短线选手必须坚信自己的能力，不要去相信道听途说。

次日盘中 60 分钟指标修复完毕后，大盘将继续稳健盘升，操作上注意热点的转换，调整好操作节奏。

起始资金

➢ 30722.13 元。

当日持股

➢ 600330 天通股份 2100 股。

证券市值

➢ 32130 元。

资金余额

➢ 235.39 元。

赢利状况

➢ 5.35%。

操盘手记

➢ 当日不理会持股拉升前的刻意打压，在设立好止损位的前提下坚决持股不动。

本日总结

手中持股在当日经历了大肆振仓，但股价循环理论明确告诉我这一切都没什么可怕。果然在收盘前主力的狐狸尾巴终于露了出来——10 万股实实在在的买盘，一举打击了不坚定的持股者。

只铁老师说得没错:"顶尖高手较量的是心态,已不再是单纯的技术了。"——知识就是力量,是信心的源泉,同时对自己操作计划制定不严密导致盈利连续几天停滞不前进行了深刻的反省。"短线操作既不参与行进中的调整,也不放弃调整中的行进"这句话需要深深铭记在心。既然计划已经制定,还是忍一忍市场主力的折磨,我自岿然不动也!

朱宇科计划第 22 号

● 发表于 3 月 2 日 02:19:38

起始资金

➢ 30722.13 元。

当前持股

➢ 600807 济南百货 3100 股。

证券市值

➢ 30008 元。

资金余额

➢ 449.99 元。

赢利状况

➢ -0.09%。

大盘背景

当日大盘低开低走,继续短线调整,最低探至 1500 点附近,盘中不时有逢低买盘介入,尾盘又有透支盘杀出,似乎多空有些分歧。从成交量上看,大幅萎缩两成说明市场观望气氛较浓,主流资金还在耐心等待入场机会。但从小周期图表指标基本调整到位来看，下周一大盘很有可能会重拾升势，而最低点位有可能瞬间击穿 1500 点引起市场迷惑，到时候真正的主力会粉墨登场。

从盘中增量资金不足（大部分市场主力正在偷偷建仓）的情况分析，科技类、本地小盘类、次新类板块中产生热点的概率很大，要密切关注。一旦买进信号出现，立即跟进。而持股错误者更应该有勇气及时换股，机不可失时不再来，我们可以看错决不可以做错。

操盘手记

➢ 以 15.18 元卖出天通股份 2100 股（理由是触及止损位逢高出局，只铁纪律不可违抗。暂时认输等待机会报仇雪恨）。

➢ 买进济南百货：10.117 元 2000 股、10.06 元 1100 股。

（投资计划书略）

本日总结

当日账面上首次出现负数，显示了技术上的不稳定性，回首近几次操作，似乎违背了只铁先生提倡的操作质量远远重要于操作数量的真理。先生说过，作为专业短线选手应该只操作热点中的热点。因此在盘外选股以及分析中应该加大力度，按照时间、板块等要素排定首选股、预备股，并且只操作计划内的个股，胜兵先胜而后求战！除非判断错误，才可以当机立断执行临时操作。当然这种情况作为专业短线选手来说只允许偶尔出现一两次，最后还要注意当计划出现错误并且发现时必须及时更正，我们能看错但不能做错，绝对不允许错误继续蔓延以至使操作彻底失败而犯了专业选手的大忌。

注：当日买进济南百货后该股收盘大跌将近5%，已经接近止损点，看错的可能性越来越大。下周一密切关注该股后续走势，一旦破位坚决止损，决不能让亏损无限制扩大。看错不能做错，"留得青山在，不怕没柴烧"。

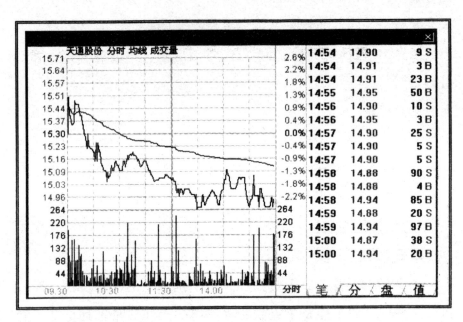

图1-41　3月1日天通股份

规范化、专业化、科学化
是实战操作的生命，
也是只铁体系的灵魂。

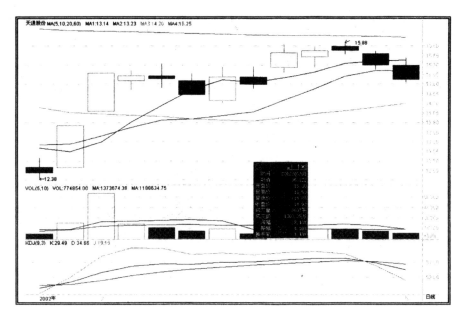

图 1-42　3 月 1 日天通股份

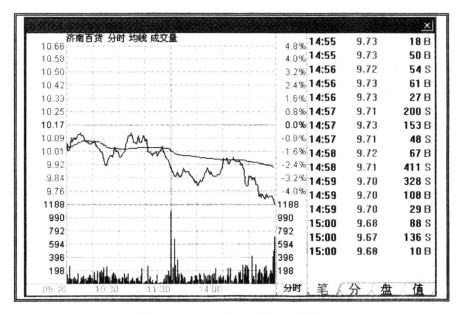

图 1-43　3 月 1 日济南百货

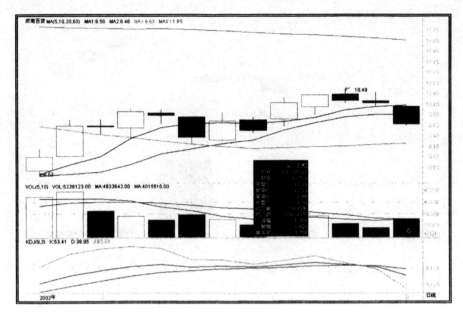

图 1-44　3 月 1 日济南百货

只铁操作点评

◇ 天通股份在分时图上短线卖点在这之前已经出现，不知为何没有出局？短线的原则就是不参与调整，当日亏损出局，在操作纪律上应该如此，技术上再找原因。

◇ 济南百货分析正确，买点次佳，等待其分时图走强时进场资金更安全。

朱宇科计划第 23 号

● 发表于 3 月 4 日 18：43：48

大盘背景

当日大盘果然瞬间向下击穿 1500 点整数关，然后多方发动反攻，走势呈单边上扬态势，尾盘收于上一交易日最高点之上。而成交量并未放大，说明前几日的下跌明显是盘中主力震仓用来清洗获利盘以及调低技术指标的手段，市场基本看多抛压不大，大盘上涨很容易；同时也表明主流资金蓄势待发，并未真正发力；次日大盘将继续上涨，攻击 1545 点的前期盘整高点，主流板块应该发力了！操作上注意逢低坚决买进蓝筹绩优股。

起始资金

➤ 30722.13 元。

当日持股

➤ 000778 新兴铸管 2000 股。

证券市值

➤ 29120 元。

资金余额

➤ 1320.69 元。

赢利状况

➤ -0.09%。

操盘手记

➤ 以 9.72 元卖出济南百货 3100 股（理由是当日买进就触及止损点，说明该操作有盲目性。换股买进研究准备充分的个股是一种正确的专业思路。不管卖出后该股后续走势是涨是跌，它的买进操作本身就是一种错误）。

➤ 买进新兴铸管：14.41 元 500 股、14.46 元 500 股、14.50 元 1000 股。

（投资计划书略）

本日总结

割肉止损是痛苦的，同时它更是深刻的教训，临盘随意操作是成功最大的敌人之一。只铁思想曾经明确指出："胜兵先胜而后求战，败兵先战而后求胜。"耐心、细心、决心、狠心四心合一的心态问题、仓位控制的资金管理问题、技术位回抽的技术问题等三大方面都出现大问题的操作难道会以胜利告终吗？直面失败重新再战是自己坚强心灵的写照，我为自己能以平静心态跨出这一步而感到骄傲！

经过周密布局，当日的操作基本安全，休息日反复观看只铁老师主讲的教学视频使自己的思想又产生了一缕精神境界的曙光。

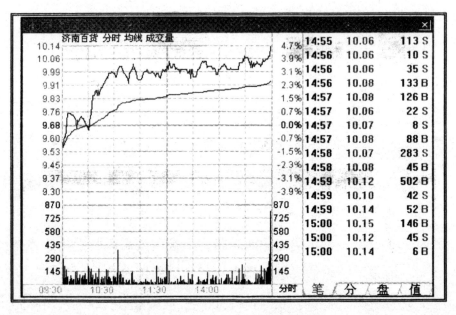

图1-45　3月4日济南百货

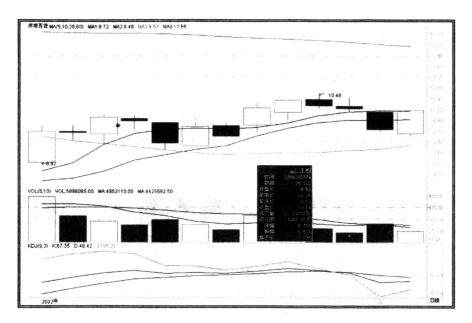

图 1-46 3 月 4 日济南百货

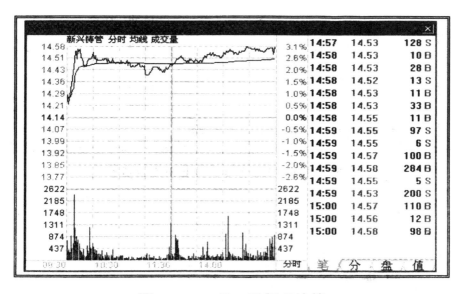

图 1-47 3 月 4 日新兴铸管

只铁操作点评

◇ 对进场时机的选择有误，造成当日对 600807 的止损出局，这里有两点问题：其一，在判断调整的结束点技术上有问题；其二，资金进场管理有问题，保护性不够。这对中等以上规模的资金更是要求严格。

◇ 往往是分析得很好，做起来就出问题，看来要达到"知行合一"还要努力！

◇ 000778 买点佳，分析正确。最终还是要看能不能按计划操作！

朱宇科计划第 24 号

- 发表于 3 月 5 日 22:54:12

大盘背景

当日大盘放量冲过前期 1545 点的平台高点，成交量放大一倍有余，盘中房地产股大幅拉升，而绩优蓝筹股只是略有表现；主力意图表现为在大盘震荡向上时由非主流板块轮涨，但至前期 1630 点附近阻力位时，再由实力强大的蓝筹股担当重任强势冲击。

由于多方能量有所消耗，并且小周期图表指标已经高位钝化，因此大盘于次日必定会冲高回落，回抽 1540 点颈线位；短线操作中注意盘中热点的转换，顺应大盘走势，调整操作节奏，争取在风险最小化的前提下努力做到利润最大化。

起始资金

➤ 30722.13 元。

当日持股

➢ 600393 东华实业 2500 股。

证券市值

➢ 30425 元。

资金余额

➢ 905.81 元。

赢利状况

➢ 1.98%。

操盘手记

➢ 以 14.58 元卖出新兴铸管 2000 股（理由是该股早盘高开低走，以洗盘调整小周期技术指标，不知需要多长时间，而大盘已经在房地产板块的推动下放量走高，盘中短线热点明确。作为准专业短线选手不能失去如此珍贵的短线机会而参与走势不能确定的调整，并且现在正处于比赛期间，时间不等人，临盘毅然决定换股操作，紧跟市场热点，不管抛出个股后期何时结束洗盘，有机会在该股放量过顶回抽时再次介入）。

➢ 买进东华实业：11.67 元 1300 股、11.75 元 1200 股。

（投资计划书略）

本日总结

第一时间紧跟市场热点是专业短线选手的首要任务之一，任何临盘犹豫不决都将失去短线大好机会，"做对"是专业短线选手晋级的第一努力方向，其次才是"看对"。最近几次操作不顺利充分说明自己在心态、资金管理和技术上还需要进行更加严格的训练。

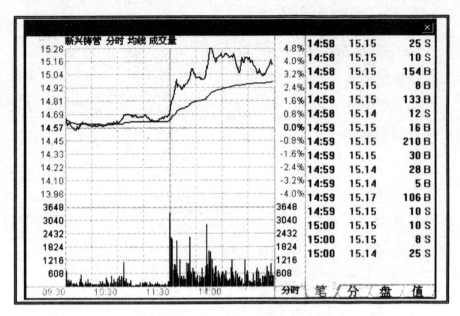

图 1-48 3 月 5 日新兴铸管

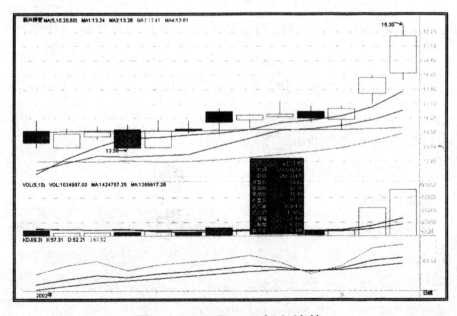

图 1-49 3 月 5 日新兴铸管

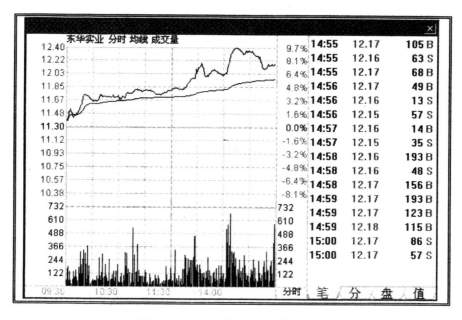

图 1-50　3 月 5 日东华实业

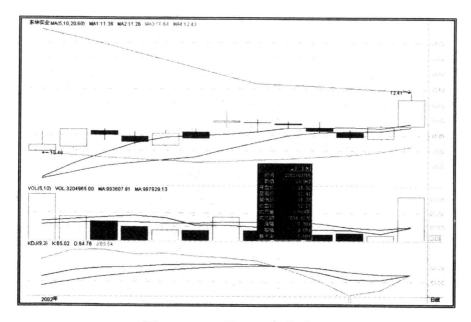

图 1-51　3 月 5 日东华实业

只铁操作点评

◇ 随意性操作使当日又犯了一个大错！盘中的涨跌对实战的压力的确很大，盘中的诱惑更使人心气浮躁，从 000778 的技术上看仅仅是盘中小调整，没有任何卖出理由，反而是加仓的机会！对短线原则要从本质上去认识，不能表象化。

◇ 这几次操作最大的问题就是心态不稳！

注：朱宇科实盘资料更新到 3 月 5 日截止。

第 2 章　反败而胜——王元昊

王元昊实战交易账户（第 1 期）

开始日期：1 月 1 日，为期一个月。

参战资金：26.8 万元。

操盘策略：超短线交易（出击强势热点个股）。

● **发表于 1 月 1 日 15：01：58**

操盘计划

➢ 下个交易日计划观望。

关注股票

➢ 香梨股份、禾嘉股份、兆维科技、贵州茅台。

● **发表于 1 月 4 日 11：51：29**

操盘手记

➢ 5.92 元满仓买入 000048ST 康达尔 44800 股。

➢ 当日收盘 6.09 元。

实战收益

➤ 1.5%（已除双边手续费）。

操盘解读

➤ 此笔操作不在计划之内，乃是根据当日盘面热点临时性的操作，所以我把此笔交易定为隔日交易，下个交易日卖出。

本日总结

ST 宏业、ST 九州、ST 东北电都是要被停牌的股票，所以不敢买。主要是 ST 棱光继续上涨，ST 板块必将有联动效应。不过上午还是买得太急了点。

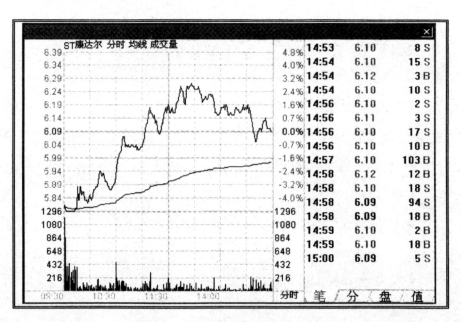

图 2-1　1 月 4 日 ST 康达尔

只铁操作点评

◇ 纯粹的业余化投资操作。还没有进入专业化投资的层面。

◇ 买进股票在技术上缺乏必要的依据。均线系统仍处于空头排列、K 线重心继续下移。

◇ 在 ST、绩差股、问题股整体处于加速下跌过程中，满仓买进，资金管理上存在问题。

◇ 实战操盘策略还有待于完善。每次操作应该有详细的投资计划书。

◇ 无计划、随意性、冲动操作是专业化投资的大忌。

● **发表于 1 月 7 日 16:40:30**

操盘手记

➤ 开盘以均价 5.94 元卖出 ST 康达尔 34800 股。

➤ 持仓 ST 康达尔 10000 股。

实战收益：

➤ -1.5%。

本日总结

ST 康达尔当日低开，整个板块也开始出现回档，由于买进品种不强，于是以均价 5.94 元卖出大部分，留 10000 股等反弹卖出。首笔交易出师不利，其原因是没有抓住板块热点的强势品种，幸好也不伤元气，空仓等待更好的出击时机。

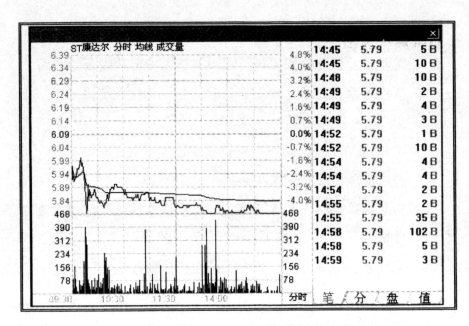

图 2-2　1 月 7 日 ST 康达尔

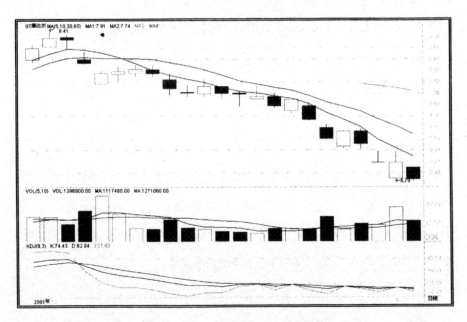

图 2-3　1 月 7 日 ST 康达尔

只铁操作点评

◇ 斩仓纠正错误，也算是果断，但没有严格按照计划全部退出，存有幻想、侥幸心理。

◇ "首笔交易出师不利，其原因是没有抓住板块热点的强势品种。"其真正原因是企图比市场更聪明的缘故，主观猜测以为底部已到。将预测作为操作的依据。

◇ 技术依据还需要细化、定量化。不能凭感觉进行买卖操作。

◇ "不怕错，就怕拖。"

● 发表于 1 月 8 日 16:19:15

大盘分析

大盘下跌接近尾声，近期操作还是以做超跌反弹为主。ST 康达尔处于最后一跌，可找机会补仓。

操盘手记

➤ ST 康达尔 10000 股继续持有。

➤ 7.8 元买入 000597 东北药 26300 股。

收盘市值

➤ 260600。

实战收益

➤ -2.5%。

本日总结

连续两笔操作失利，是对大盘和个股看错所致。同时没有严格按照只做强势个股的操作系统。

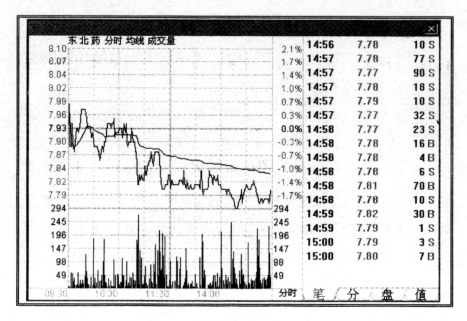

图 2-4　1 月 8 日东北药

只铁操作点评

◇ 从买点看，本次操作思路是混乱的。短线的主要操作手法
应该是追涨，而 7.8 元买进东北药属于低吸的操作方法。

◇ 均线系统仍处于空头排列，在下跌中成交量并未放大，恐
慌性杀跌盘没有涌出，显示该股底部未到。同时大盘和板
块做空动能并未衰竭。

◇ 不应该重仓一次性买进，在资金管理上，可以采取分批介
入较为妥当。

◇ 太过于频繁，还未总结出失败原因，随即又进行操作。

◇ 心态上需要好好反省。

● 发表于 1 月 9 日 19:43:15

操盘手记

➢ 7.62 元全部卖出东北药。

➢ 以涨停板 6.27 元买入 600629ST 棱光。

账面赢利:

➢ −5.5%。

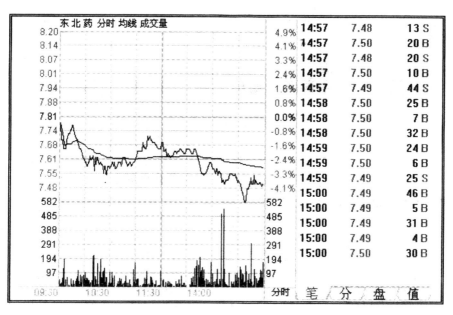

图 2-5　1 月 4 日东北药

心境轻松淡定如泰山

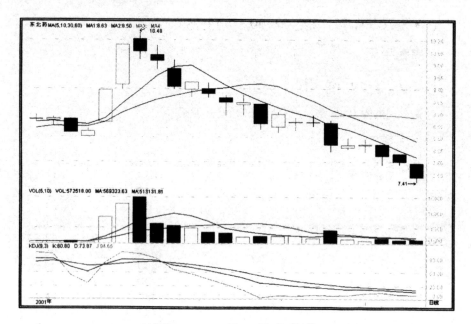

图 2-6　1 月 9 日东北药

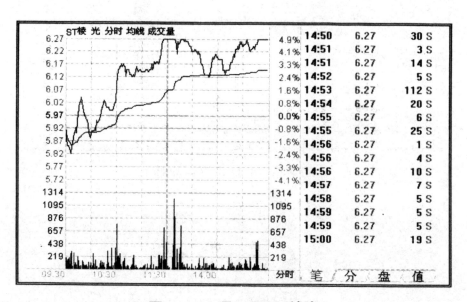

图 2-7　1 月 9 日 ST 棱光

只铁操作点评

◇ 还在延续前面的业余化、随意性频繁操作。

◇ 请不要忘记做股票最根本的是要顺势而为，在趋势未逆转前，不能把分析预测或感觉作为操作的依据。

◇ 满仓全进全出必须要具备十分深厚的技术功底和高超的看盘技巧。否则，就是在赌博！

只铁发表于：1 月 11 日 01：20：04

为直面自己的勇气喝彩！

● 发表于 1 月 11 日 20：54：31

只铁先生见笑了，没有你的鼓励，我几乎没有继续公布自己操作的勇气。

操盘手记

➤ 卖出持有的所有股票，以 5.31 元买入 000675ST 银山 46000 股。

本日总结

逆市操作，亏损不可避免。归根到底，还是心态控制不过关。

账户市值

➤ 243000 元。

实战收益

➤ -9%。

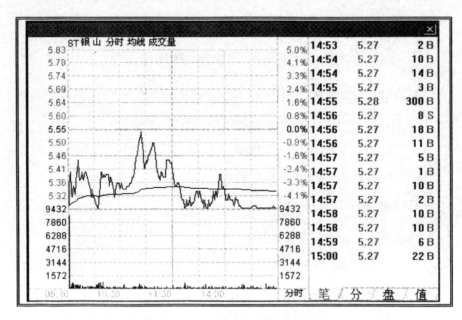

图 2-8　1 月 11 日 ST 银山

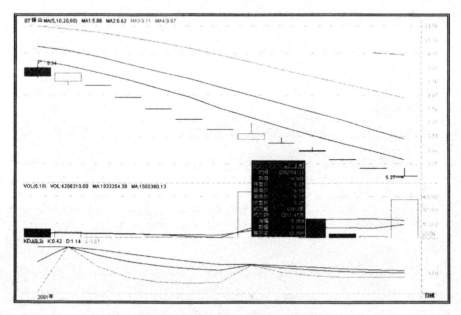

图 2-9　1 月 11 日 ST 银山

只铁操作点评

◇ 凡事预则立，买与卖均必须有计划和应对策略。当日全部卖出不知有何理由？是因为大盘下跌而心理恐慌吗？

◇ 从技术上看，买进 ST 银山似乎有充分技术依据。因为日线、周线的技术指标显示处于超卖状态，但是，请注意：技术指标显示处于超卖状态，并不意味着就一定是已到了底部或马上就涨，二者不可混淆。

◇ ST 银山从公告信息上看，是面临公布年报后即将退市的几只问题股之一，对技术指标必须辩证、灵活地运用，不能死搬硬套。

◇ 前面的整个操作，纯粹是一种赌博式操作，根本没有深刻领会投资是专业化、科学化管理的活动。

只铁发表于 1 月 11 日 22:48:25

你有这样的勇气就已经超越了绝大部分的人！成功其实离你不远了！

只铁发表于：1 月 15 日 04:18:59

以冷静的心态寻找操作失误的详尽原因，坚持下去，坚定不移地按照规范化的要求执行操作。在任何困难的情况下我们都要对自己充满信心，最终就是胜利。只铁老师为你擂鼓助威！

● 发表于 1 月 15 日 20:16:51

本日总结

感激只铁先生的鼓励。出师不利，心灰意冷。每次最后一跌都不能避过，已不是技术上的原因。也许性格上的缺陷太难改了。

我生性好赌，暴利和风险总是与我为伴（比如投资邮市和三板），像这次的亏损我在证券市场经历过多次，仍然出现，已是宿命。

只铁发表于：1 月 15 日 23：08：34

成功的人生，首先需要的是坚强的心灵！这点困难算得了什么？男子汉加油！

● 发表于 1 月 16 日 19：49：50

操盘手记

➤ 继续持有 000675ST 银山。

本日总结

账户亏损超过 20%，错误出现在抄底交易系统不完善，正确的做法是逐步买入超跌股。除了心态问题外，对资金管理的重要性没有深刻地认识。只铁老师说，心态控制、资金管理和技术是投资的三大要点，我由于运作资金规模较小，一直对资金管理环节置之脑后，喜欢全进全出。以前出现类似的亏损，总是从技术上找原因，这次终于认识到了资金管理的重要性。

只铁发表于：1 月 16 日 23：27：56

找回了坚强的意志比找回亏损的金钱重要得多。你很聪明，但一定要用钢铁的纪律规范自己的聪明。好好体会成功投资的三大要件，今后资金多了就会尤其凸现其重要性。

手中无大资金，但胸中一定要有百万兵！

● 发表于 1 月 17 日 17：16：43

大盘分析

大盘处在加速下跌期，整个价格重心不断下移，因此牛市的比价思维应该放弃。ST 银山这种退市的股票应该回避，即使抄底也应该选择没有退市风险的超跌股（其他 ST 股），此类股票易形成 V 型上涨。

操盘手记

当日 ST 银山继续跌停，但我的心态已经好多了。这种大亏在我的历史上出现过多次，不同的是这次得到了只铁先生指点，每天都给以鼓励，使我反省到自己操作中致命的问题，相信这次的擂台赛会对我整个投资生涯将产生重大的影响。

次日计划

跌停板集合竞价卖出，调整心态，重新再战。

只铁发表于：1 月 17 日 17：39：00

意志决定一生，胜负说明一时。你找回了心灵的力量，我为你感到由衷的高兴！

• **发表于 1 月 18 日 17：55：02**

操盘手记

ST 银山开盘跌停，根本无法成交。

次日计划

本账户后市有三种处理方法：

➢ 一是跌停打开止损。

➢ 二是在摘牌前有预期在宽限期扭亏的反弹行情（3—4月），等解套或少亏出局（历年都有这种行情）。

➢ 三是休克疗法，置之死地而后生，等它摘牌。

从基本面看扭亏的可能性很大，一旦复牌交易，这种股本结构的股票至少应定位于 8 元以上。（这也是我当初按比价法买 ST

银山的原因之一）。

现在这种情况，我可能只有选择第二和第三种方案。第三种方案在我的操作历史上已有过一次，沈阳银海摘牌前我用 10 万元资金主动买套（1.21 元），一年后复牌获利 45%（1.75 元）。不同的是这次是迫不得已。

实战收益

➢ 账户损失接近 10 万元。

● 发表于 1 月 19 日 14:08:40（星期六）

大盘分析

今年大盘突然跌破 1500 并击穿 1400 点的很大原因是退市板块不断创出新低，引发 ST 板块和绩差板块暴跌，从而带动整个市场价格中心集体下了一个台阶，也就是说此板块不止跌，大势很难向好。但市场每一次暴跌同时也蕴藏着暴利机会的产生。比如退市板块只要能在宽限期内扭亏，以目前的价格，都有翻番的机会。但这只是推测，涉及具体操作就带有赌博的成分。

军校收获

我参加只铁先生的军校，原本是来学习在风险市场长久的生存之道、稳定持续的赢利之道、正宗的投资之道，但这次的操作又使我回到了原来剑走偏锋的老路，所以说要改邪归正并不是一件易事。

● 发表于 1 月 22 日 17:06:11

操盘手记

1 月 22 日，今天 ST 银山跌停曾打开，但收盘还是跌停。今天所有要退市的股票只有 ST 银山打开跌停，这说明已有资金在关

注这只股票，它是否能扭亏也是我账户是否能扭亏的关键。一般
投资者不知道内情，但大资金知道，所以我没有卖。

大盘分析

今天个股继续疯狂地下跌，这种情况已经几年没有过了，空
头气势达到了极点，市场恐慌心理也达到了极点，大规模的反弹
行情一点即燃，现在已不是止损的时候了。

● **发表于 1 月 24 日 00：40：37**

大盘分析

1 月 23 日，暴跌必有暴涨，这是市场规律。今天的大阳线基
本宣布单边下跌告一段落，所以对 ST 板块的滞后反映我并不着
急，明天 ST 银山可能还有新低出现，但大幅下跌的可能已经没
有。ST 板块还会在底部作震荡，真正的行情反而在要出年报的三
四月份。年报越差越涨，这是市场主力反技术操作的习惯。所以
我并不着急，如解套或少亏，我就出局。

本日总结

下月我仍会参加比赛，换一个账户，按照只铁先生正规的投
资理念，严格按照交易系统来操作，认真地体会纪律在交易中的
重要性。

● **发表于 1 月 24 日 16：49：09**

大盘分析

1 月 24 日，ST 银山第一个涨停（ST 板块），大盘的热点现在
仍是低价的超跌股，这种局面还会持续，而 ST 板块很快也会出现
补涨，希望 ST 银山能成为这个板块的领头羊。

● 发表于 1 月 25 日 19:03:55

大盘分析

1 月 25 日，ST 银山开盘涨停，ST 板块也出现大面积的补涨，只要大盘不出现二次探底走势，这种补涨行情在下周还可持续。ST 银山基本成为这个板块的领涨股，所以在这轮反弹行情中我在可以接受的亏损范围内打算卖出，现在没有必要卖出换股。大盘现在走出了以低价超跌股为主流的反弹行情，给我的感觉仿佛回到前几年，我有种预感，今后一两年内都是低价股的天下。

● 发表于 1 月 28 日 16:32:44

操盘手记

1 月 28 日，昨天知道了减持方案要出台，知道今天一定会有较大调整。果然大盘跳空低开，5 分钟之内，我乘机卖掉手上所有的账户，全是 ST 股，都还在惯性冲高。参加比赛的账户 ST 银山也在第二次打开时卖掉，虽然收盘封住涨停，但也不后悔。从大盘的走势来看，在利空消息的配合下进行二次探底，或许能创出新低，但并不可怕，不过是底部震荡而已，这种市道，踩准节奏，利润不小于一轮中级反弹，即使 ST 银山再往上涨 20%，我有把握在大盘探底完成后迅速把这部分损失夺回来。

实战收益

➢ -30%。

现有资金

➢ 18.7 万元，账户亏损 8 万元。

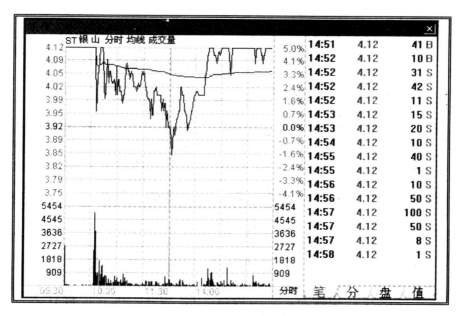

图 2-10　1 月 28 日 ST 银山

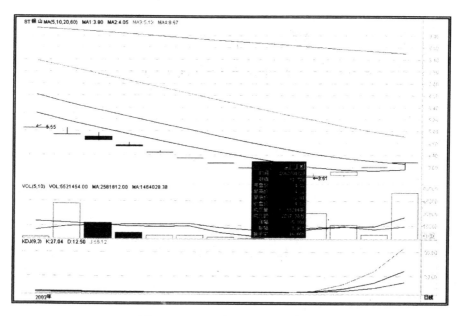

图 2-11　1 月 28 日 ST 银山

只铁操作点评

◇ 000675ST 银山的买卖，充分展现了人性的弱点。先是赌，其后是抱有幻想、侥幸，最后是恐慌。没有在买进之前预先计划好应对措施，并坚决执行，导致大的亏损出现。

◇ 卖出 ST 银山在技术上缺乏充分的依据，日线、周线技术指标均未发出卖出信号就卖出，是错误的操作行为。

◇ 没有建立好一套完善的交易系统，还处于凭感觉进行操作的业余化层面。

◇ 外部的所谓利好、利空消息，必须通过实际的买卖盘来体现，只要所持有的个股其实战交易系统没有发出卖出信号，均应该继续持股。不能凭预测或感觉作为操作的依据，切记，切记！

● 发表于 1 月 30 日 23:43:06

大盘分析

大盘在底部还有震荡，上扬行情要在春节以后，春节是中国股市一个重要的时间之窗，节后第一天涨，那全年基本以涨为主，若跌，则全年以跌为主，所以今年的行情也不必悲观。

操盘手记

➤ 以 3.19 元满仓买进 ST 宏业。

ST 板块今天果然开始补涨，ST 银山强劲的走势必将带动整个板块走强。

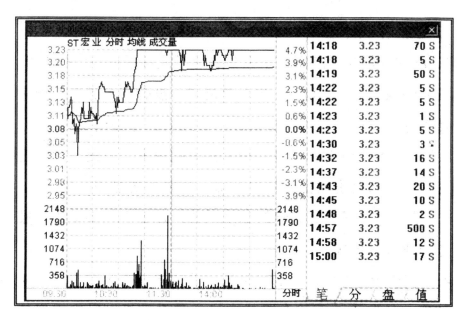

图 2-12   1 月 30 日 ST 宏业

只铁操作点评

◇ ST 板块出现整体反弹，及时又买进 ST 股票，算是立即纠正错误。

◇ 一个热点板块的出现，应该在第一时间追逐于热点股票之中。

◇ 在技术上买进也有较为充分的依据。本次买进操作是正确的。既然是做反弹，应该先以短线操作的思路来展开。

● 发表于 1 月 31 日 16：22：13

操盘手记

1 月 31 日，今天是比赛的最后一天，我肯定是倒数第一了。空仓的同学现在已经开始赚钱，我却还在为尽快扭亏努力。上午涨停板卖出 000689ST 宏业；中午以 2.88 元竞价 600743ST 幸福，全部成交。

本月收盘市值

➤ 20.6 万元。

本月收益情况

➤ 亏损 6.2 万元，亏损率 24%。

下月我还以本账户参赛。

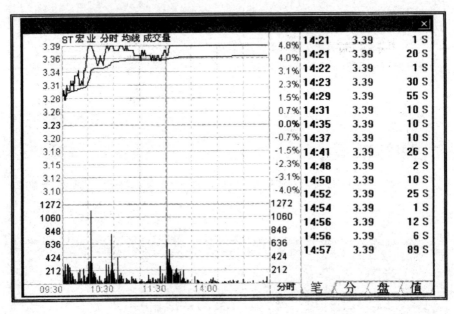

图 2-13　1 月 31 日 ST 宏业

先 胜 而 后 战！

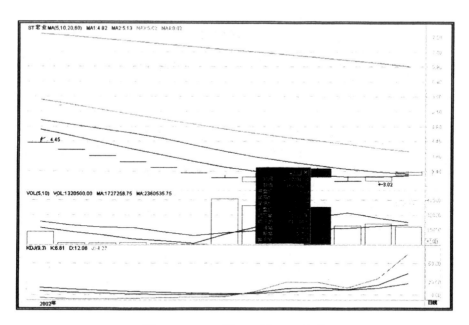

图 2-14　1 月 31 日 ST 宏业

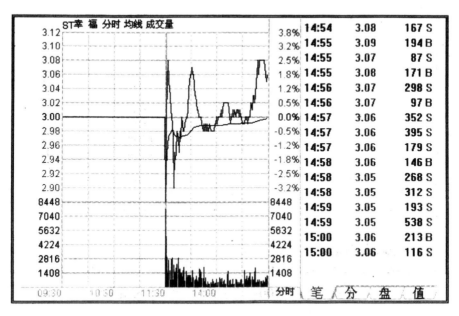

图 2-15　1 月 31 日 ST 幸福

只铁操作点评

◇ 短线操作，并非是今天买进，明天卖出那么简单。请详细
参看《新短线英雄》《铁血短线》上关于短线的相关
论述。

◇ 衡量专业短线选手的好坏，并不以迅速获利为唯一依据。
更加重要的是能否坚持按正确的市场规律进退和坚定不移
地执行自己制定的分析研判和实战操作纪律。

◇ 虽然从操作结果上看，上午卖出 ST 宏业，中午竞价买进
ST 幸福，收益不错，是非常漂亮的操作。但是，过分追
求完美并不可取，在证券市场上我们应该追求的是稳定、
长久的获利、生存。

◇ 专业化投资、科学化管理的思想才是永久生存下去的根本
所在。

王元昊实战交易账户（第 2 期）

开始日期：2 月 1 日，至 3 月 31 日止。

参赛资金：20.1 万元。

操盘策略：短线出击热点板块和强势个股。

• 发表于 2 月 2 日 10:02:39（星期六）

操盘手记

➢ 2 月 1 日以 2.98 元卖出 ST 幸福 67400 股；

➢ 以 3.08 元买入 ST 海洋 64700 股。

次日计划

➢ 周一关注 ST 板块整体走势，ST 海洋不涨停就卖。

近期大资金操作的思路仍然是以超跌股为主，ST 板块（包括退市的股票在 4 月底以前还有很多的获利机会，我的资金准备就在这个板块操作。同时关注 600643 爱建股份、000755 山西三维涨停打开后的获利机会。）

贪 就 是 贫！

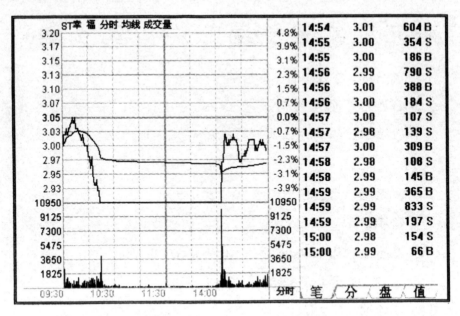

图 2-16　2 月 1 日 ST 幸福

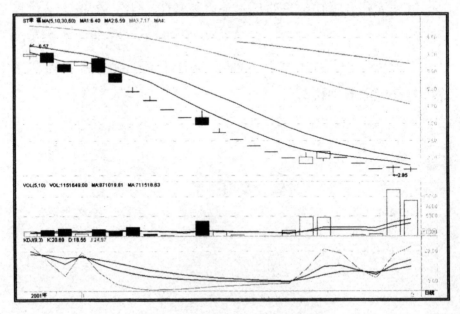

图 2-17　2 月 1 日 ST 幸福

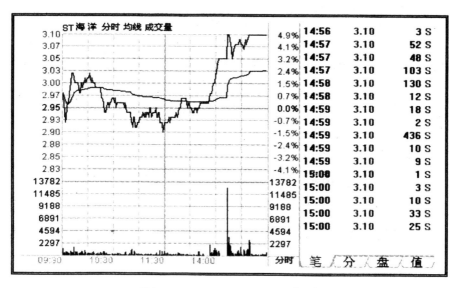

图 2-18　2 月 1 日 ST 海洋

只铁操作点评

◇ 这种当天卖出先涨停的股票，然后再买进同一板块补涨的
　　股票，类似于快速极限（超短线）操作方法，可以极大地
　　提高资金使用效率和获取较高的收益。

◇ 虽然不很清楚你的实战操作策略的具体内容，但是，请注
　　意该超短线方法必须具备几个条件：

◇ 所买卖股票必须在近期热点板块之中。

◇ 该板块必须有持续性的炒作。

◇ 自身具备高超的看盘本领，尤其是在买卖点的选择上。

◇ 由于采用的是满仓快进快出的超短线操作策略，也要按照
　　专业化、规范化原则具体细化到选取什么级别上的周期，
　　以及详细的操作原则。凭感觉操作，即便是短期成功，也
　　无法取得持久、稳定的获利。

◇ 尽量抓住热点板块中的龙头股、热点中的焦点进行操作，
这才是短线高手的至高选择。

• 发表于 2 月 4 日 20:16:28

操盘手记

➤ 以 3.25 元卖出 ST 海洋 64700 股。

➤ 3.14 元涨停板买进 000557 银广夏 66200 股。

实战收益

➤ 3.5%。

大盘分析

大盘进入单边上涨阶段，可放心持股或快速出击盘面热点。
由于担心大盘在底部震荡，所以持股心态不稳，频繁操作不如单
一持股利润大。

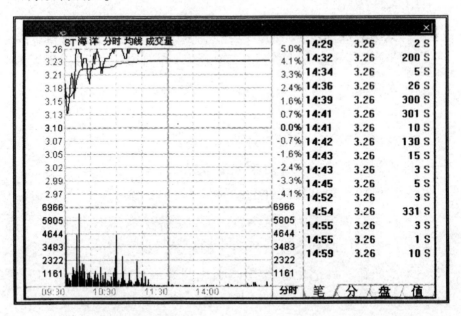

图 2-19　2 月 4 日 ST 海洋

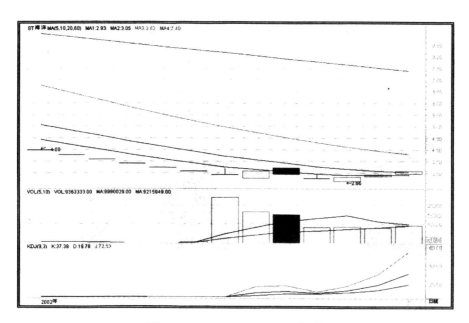

图 2-20　2 月 4 日 ST 海洋

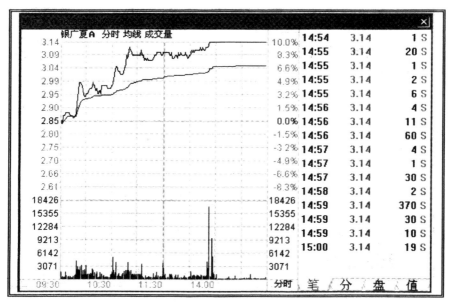

图 2-21　2 月 4 日银广夏

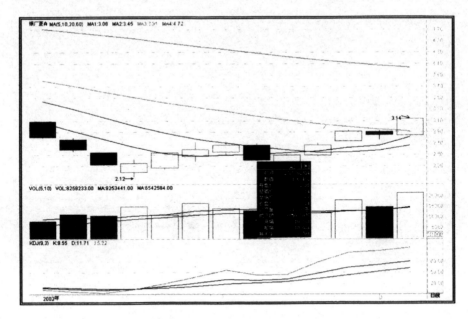

图2-22　2月4日银广夏

只铁操作点评

◇ ST、绩差、问题类股票在经过大幅下跌后，许多个股市值
才2~4亿元。近期整体刚展开强劲反弹，该板块已成为
近期市场资金关注的重点。选择该板块作为操作对象，是
非常正确的。

◇ 既然计划ST海洋不涨停就卖出，那么当日卖出ST海洋，
不管是从技术上还是从技术依据上均没有充分的理由。

◇ 不知道是否因为ST海洋与银广夏在涨跌幅限制上有区别，
而更换同类型中的股票？

◇ 建议进一步完善实战交易系统，并用铁血的纪律保证严格
执行。

• **发表于 2 月 5 日 21:36:23**

大盘分析

大盘震荡上行，近期卖出的几支超跌股（ST 银山、ST 宏业、ST 海洋、ST 幸福）都强势大涨，所以能买进银广夏也不是偶然，说明近期的操作抓住了主流热点。做现在的热点，想下波的热点，是我们现在应该做的。

操盘手记

➤ 000557 银广夏当日涨停，持股不动。

账户市值

➤ 22.8 万元。

实战收益

➤ 13.5%。

• **发表于 2 月 6 日 16:06:22**

大盘分析

大盘回调，有利于进一步上攻。在大盘的这波攻击中，超跌股是主流，但降息预期的炒作若隐若现。其中的爱建股份走势最为强悍，股价一直在两个涨停板之上震荡，今天也显示出较强的抗跌性，在大盘回调到位后应作为短线的首选。走势相近的山西三维也值得关注。

操盘手记

➤ 000557 银广夏停牌一天，当日无操作。

• **发表于 2 月 7 日 16：05：25**

操盘手记

➤ 000557 银广夏涨停，持股不动。

股票市值

➤ 25.1 万元。

实战收益

➤ 25%。

本日总结

银广夏虽然连续涨停，不过对我来说，只是减亏而已。大起大落，认亏能赚是我的一大特点，守不住利润这个问题一直不能很好地解决。在下跌通道中，我总是试图战胜市场，企图比市场聪明，所以每次都要遭受重创。只铁先生一语道破我的缺点，要用纪律来约束聪明。

• **发表于 2 月 8 日 15：55：20**

大盘分析

春节是中国股市的一个重要的时间之窗，助涨助跌的作用十分明显，在上升通道中过春节，节后必大涨；在下跌通道中过节必大跌。而且春节后的第一个交易日的涨跌对全年走势起指导作用，一般说来，节后第一天涨，则全年以涨为主，反之则以跌为主。所以，对今年股市的走势，我比较乐观。

操盘手记

➤ 继续持有银广夏。

账户市值

➤ 27.6 万元。

实战收益

➢ 37%。

本日总结

本账户第一期参赛时的资金是 26.8 万元，最低跌破 16.5 万元，现在终于扭亏，资金向下坐了回过山车。

● **发表于 2 月 20 日 11:28:56**

只铁先生提出两个问题让我们思考：

一是我们掌握的技术究竟怎样；

二是自己的交易风格属于哪种类型。

对只铁先生提出的两个问题，我的确应该认真思考，这对我在实战中发挥自己的长处非常有用。就我自己来说，应该算激进性的风格。技术上的特点是对出现的热点把握较准，追涨板块热点有自己的心得和操作体系，大盘在上升通道中赚钱很快，单从这一点看，我应该赚大钱。但是在控制和规避风险上，有致命的缺陷，在下跌通道中总是无谓亏损。这从技术方面来说我的反弹操作和抄底性操作是失败的操作体系，应该放弃。认识到这一点，在今后的操作中，应该规避和应该发挥的就清楚了。

只铁发表于 2 月 20 日 16:27:11

很高兴！一涨一跌战多空、波峰浪谷斗牛熊。

● **发表于 2 月 25 日 16:00:55**

大盘分析

当日大盘上涨 23 点，退市板块和问题股仍为主流热点。虽然有多家地产股涨停，但此板块无明显的领涨股，所以我判断此板块和科技板块仍为辅助热点，什么时候超跌股行情结束，本轮反弹行情也告结束，不可幻想热点会转移到这两个板块。银广夏次日发布公告，估计仍会涨停。

操盘手记

➢ 银广夏停牌，当日无操作。

● **发表于 2 月 26 日 15:49:20**

大盘分析

当日大盘继续保持震荡走势，但感觉低价股反弹行情已近尾声，对大盘后市的预测是：短期高位还有震荡，向上空间不大，不可过于乐观。

操作上应关注涨幅不大的个股，做补涨行情，只要大盘不跌破 5 日均线，可积极寻找获利机会。只有在 5 日均线跌破 10 日均线后，才考虑离场休息。

操盘手记

➢ 银广夏继续涨停，持股不动。

账户市值

➢ 30.4 万元。

实战收益

➢ 50%。

● **发表于 2 月 27 日 15:50:08**

操盘手记

➢ 4.88 元卖出银广夏，当日空仓。

账户市值

➤ 32.1 万元。

实战收益

➤ 60%。

本日总结

当日卖出银广夏后，回头一看，本月第一笔交易 ST 海洋如果不卖，收益和现在也差不多，所以说在单边上升通道市场持股是最正确的做法。如果一味追求速度而技术又不过关的话，频繁换股将得不偿失。当日盘面看不出新的热点，600585 海螺水泥值得关注。

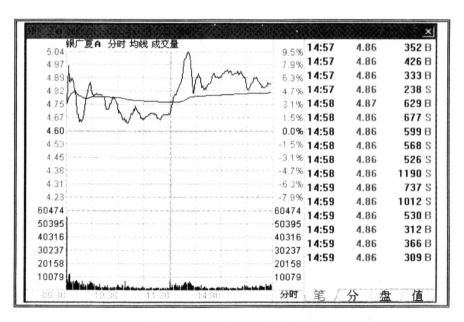

图 2-23　2 月 27 日银广夏

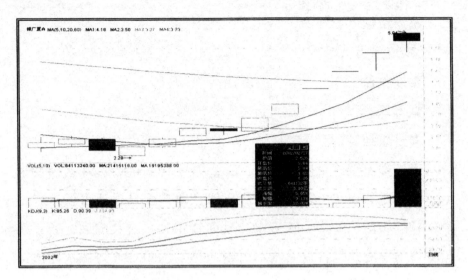

图 2-24　2 月 27 日银广夏

只铁操作点评

◇ 本次操作银广夏非常成功，获利 60%。抓住了热点中的焦点，值得恭贺！

◇ "在单边上升通道市场持股是最正确的做法，如果一味追求速度而技术又不过关的话，频繁换股将得不偿失"——该观点需要上升到用专业化的交易系统进行规范，只有交易系统发出买卖信号的指示才是唯一的操作依据。同时，这涉及不同的交易系统与风格。

◇ 作为低价股板块反弹龙头的银广夏当日在反弹超过 100% 后进行放量震荡，大盘也将进入震荡，并不能判定本轮反弹就此结束。后市低价股会出现分化现象，但个股机会还会较多。

◇ 只铁战法的根本是寻求稳定、长久的获利与在风险市场上永久生存。

● **发表于 2 月 28 日 21:00:44**

本日总结

"注意操作技术的稳定发挥和心态控制的冷静，逐渐完成走向专业的飞跃"，这是只铁先生给我的留言，也是我近阶段努力的方向。今天我的操作就不太冷静，开盘以集和竞价买入 1/3 资金的 600509 天富热电，然后没等价格定型又加仓买入，买入均价为 15.2 元，基本买了个今天的最高价。

盘后我问自己，为什么会出现这种冲动，难道只因为自己认为开盘价不高就是买进理由吗？正确的操作应该是在比价不高的情况下，开盘 5 分钟换手 15% 以上，且收阳线，这时才是买进时机。今天的操作说明了我在一笔大的赢利之后心态有所放松，自己离专业水平还有一段距离。

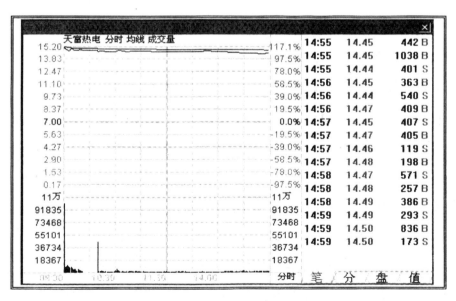

图 2-25　2 月 28 日天富热电

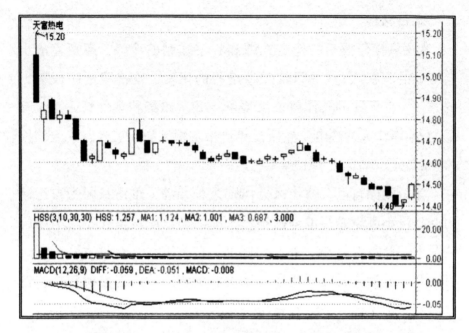

图 2-26　2 月 28 日天富热电 5 分钟 K 线图

只铁操作点评

◇ 600509 天富热电的买进又是在凭感觉进行操作，还没有操作新股的专业化、规范化的交易系统。

◇ 操作新股一般分为上市当日操作和上市后操作两大类型，具体请参见只铁先生的《炒新股不败》和金石、一舟的《永久生存》一书相关章节。

◇ 进入专业化投资的境界，不是一蹴而就的，需要经过大量刻苦的训练才能够达到。

● **发表于 3 月 1 日 17:23:41**

大盘分析

对于这两天大盘的回调，我应该算是预料到的，所以我的注意力已经转移到新股板块。我预计大盘不会以这种直线下跌开始调整，在 1500 点附近还会有震荡，所以新股板块有机会。但是下周若 5 日均线下穿 10 日均线，那就应该考虑离场了。

操盘手记

➢ 600509 天富热电继续持有。

账户市值

➢ 30.5 万元。

实战收益

➢ 52%。

次日计划

天富热电今天收十字星，下周一只要不创出新低，还可持有看高。

● **发表于 3 月 4 日 22:04:59**

大盘分析

今天超跌股大幅反弹，这种走势应该是这轮主流热点的头部震荡行情，不应过分看好后市，新股板块小幅上涨，天富热电可继续持有。今天 600373 鑫新股份上市，4500 万股的股本才定位于 11 元，和前期的新股比起来定位更低了，看来是低价发行政策起了作用，但对次新股板块却不是好消息，相信下轮调整，整个次新股板块将面临巨大的下跌空间。

操盘手记

➢ 继续持有 600509 天富热电。

账面市值

➢ 31 万元。

实战收益

➢ 54%。

● **发表于 3 月 5 日 15：51：24**

操盘手记

➢ 以 14.8 元卖出天富热电。

➢ 以 10.5 元买进兴业股份。

热点成功转换。弃弱买强，追涨热点强势个股，次日逢高
卖出。

账户市值

➢ 32.5 万元。

实战收益

➢ 62%。

本日总结

这笔交易为参加比赛以来最为满意的的一笔交易，因为当日
进场价位不错，且当日就有 5% 左右的赢利，和前天天富热电比
起来，这笔交易才算专业。

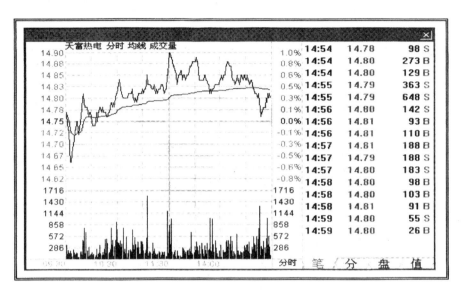

图 2-27　3 月 5 日天富热电

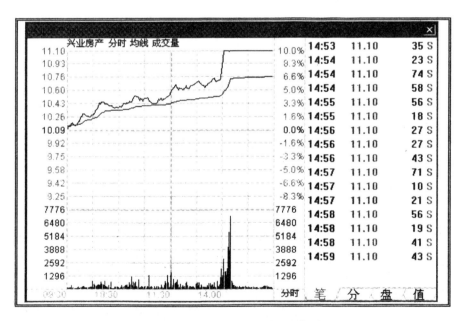

图 2-28　3 月 5 日兴业房产

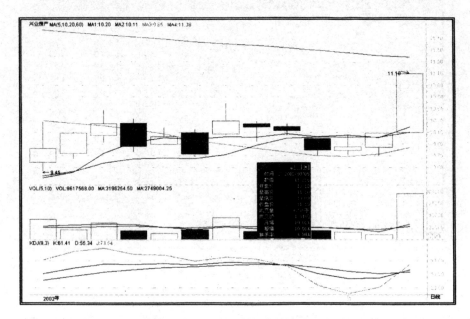

图 2-29　3 月 5 日兴业房产

只铁操作点评

◇ 正如自己总结的"热点切换成功",弃弱买强,追涨热点
强势个股。这需要克服一定的心理障碍和资金压力,非常
难得!

◇ 买入兴业股份的技术依据较为充分。该股处于以深深房为
龙头的地产板块整体反弹启动的热点之中,兴业股份在经
过短期横向窄幅整理后,放量突破前平台高点 10.50 元,
短期日 KDJ 发出金叉买入信号。

◇ 很高兴你已渐渐进入专业化的短线操作状态。

● **发表于 3 月 6 日 16：27：10**

操盘手记

➤ 以 11.65 元卖出兴业股份。

➤ 以 5.04 元买进 000009 深宝安。

今天卖点把握较好，下午趁大盘回调深宝安涨停开板时大胆买进，严格按照交易系统操作，做热点板块，做强势个股，资金市值再创新高。

账户市值

➤ 33.8 万元。

实战收益

➤ 68%。

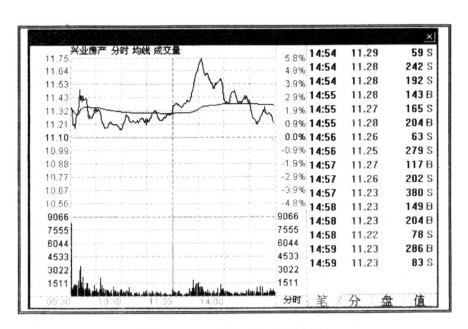

图 2-30　3 月 6 日兴业房产

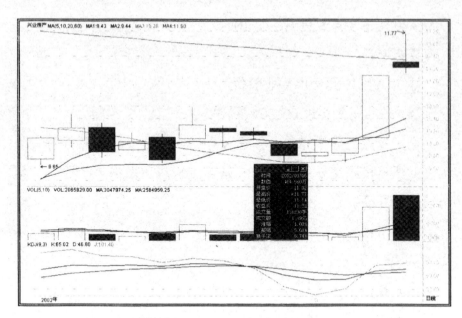

图 2-31　3 月 6 日兴业房产

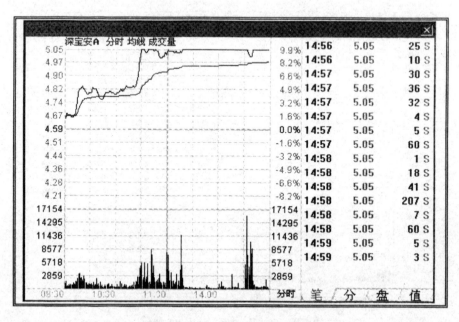

图 2-32　3 月 6 日深宝安

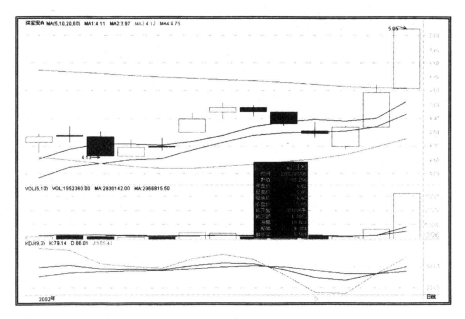

图 2-33　3 月 6 日深宝安

只铁操作点评

◇ 超短线出局，可以选择次日盘中放量滞涨或个股冲高回
落，即可卖出。

◇ 及时转战到深市本地的地产领涨个股上，当日操作很
漂亮！

◇ 涨停追买深宝安，符合《短线英雄》《铁血短线》书中涨
停买入方法的技术要领。

● **发表于 3 月 7 日 15：34：59**

操盘手记

➢ 以 5.24 元卖出深宝安。

➤ 以 11.6 元买进 600638 新黄浦。

上午深宝安被震出局，虽然下午新黄浦的买点较好，但心情还是有点不爽。

次日计划

上午寻高点出局，坚持上午不买股票这一短线原则，回避近期可能出现的单日大调整。

账户市值

➤ 36.1 万元。

实战收益

➤ 80%。

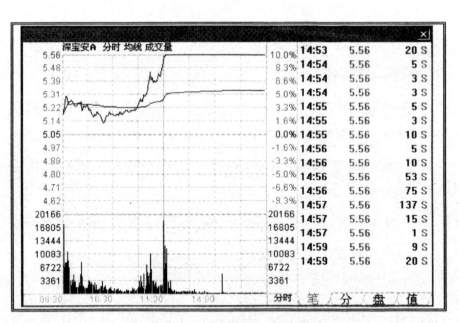

图 2-34　3 月 7 日深宝安

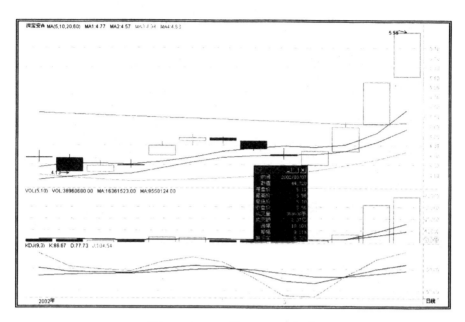

图 2-35　3 月 7 日深宝安

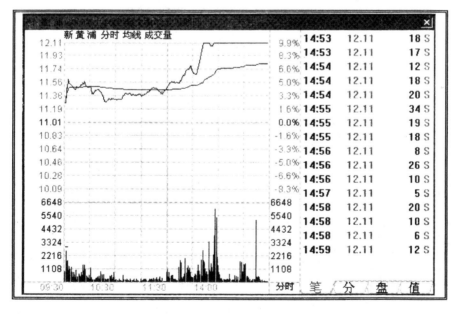

图 2-36　3 月 7 日新黄浦

只铁操作点评

◇ 上午深宝安被震出局，并非是你看盘或技术功底不好的缘
故，而是你采用的超短线操作交易系统的缘故。对此，没
有必要懊悔。

◇ 如果按照常规的短线追涨交易系统，只要个股短期的攻击
力量未消失，仍应该持股。

◇ 必须清楚任何操作方法和交易系统均有它自身的优点与实
战制约。只要坚持按照完善的交易系统的买卖信号操作，
就是正确的操作。

• **发表于 3 月 8 日 16:28:02**

操盘手记

➤ 以 12.75 元卖出新黄浦。

➤ 以 13.2 元买进 000931 中关村。

卖出价位满意，买进中关村有点勉强。

次日计划

由于周末股评一片看好后市，但主力机构必然反向操作，所
以下周基本是以回调为主，操作上计划下周一无论赢亏必须卖出
股票，以持有现金为主。不可因为心态过于亢奋而随意操作。

账户市值

➤ 37.9 万元。

实战收益

➤ 88%。

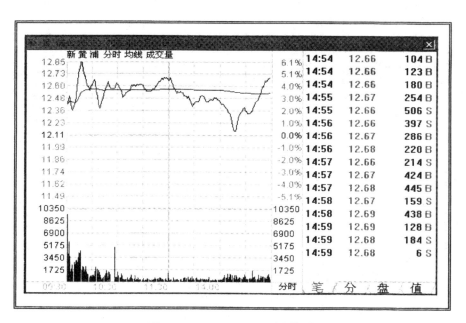

图 2-37　3 月 8 日新黄浦

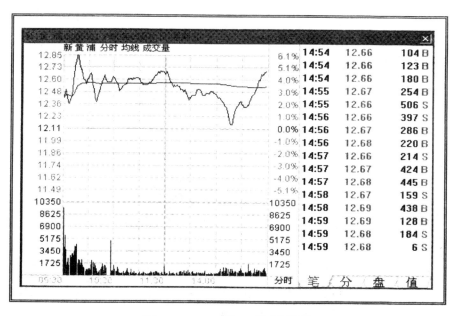

图 2-38　3 月 8 日新黄浦

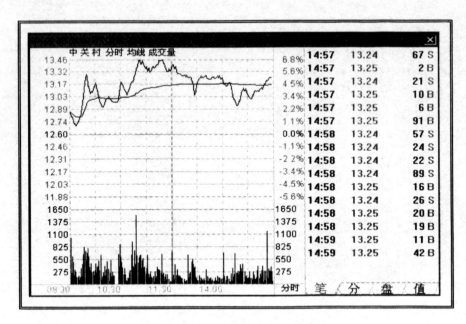

图 2-39　3 月 8 日中关村

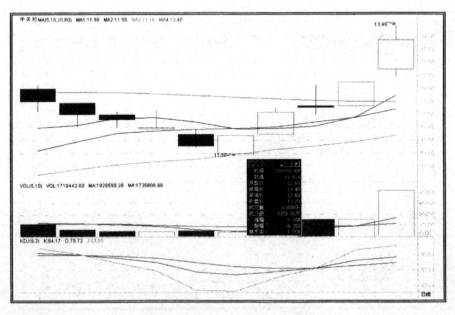

图 2-40　3 月 8 日中关村

只铁操作点评

◇ 新黄浦的卖出符合你原有的操作原则。

◇ 买进中关村似乎与你追逐热点板块个股的操作思路不太相符合。

◇ 在介入中关村时，该股的短期技术状态偏高了一点。随着账户的资金逐步增大，在资金管理和风险控制上要引起高度重视。

● **发表于 3 月 11 日 17：37：03**

操盘手记

➢ 以 13.75 元卖出中关村。

➢ 以 1.09 元买入基金汉鼎 1/4 仓位。

➢ 以 0.97 元买入基金金元 3/4 仓位。

账户市值

➢ 39.5 万元。

实战收益

➢ 97%。

本日总结

近期的几笔超短线操作，买进的理由是看当天盘面的热点，卖出是根据实战经验。总体来说，基本超过了大盘的涨幅。但操作系统上仍有需要完善的地方，比如说在主流热点的把握上仍不够紧密，没有出击领涨股等。需要总结的地方很多，需要提高的技术环节也不少。

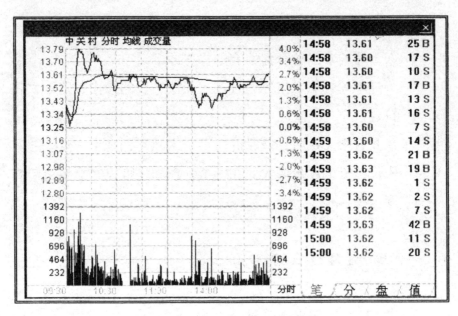

图 2-41　3 月 11 日中关村

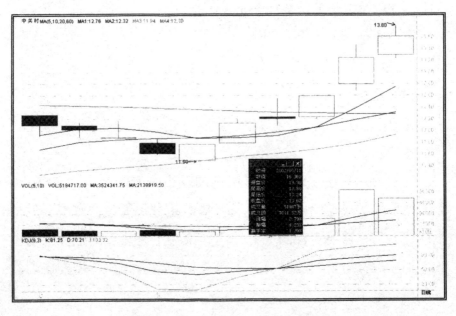

图 2-42　年 3 月 11 日中关村

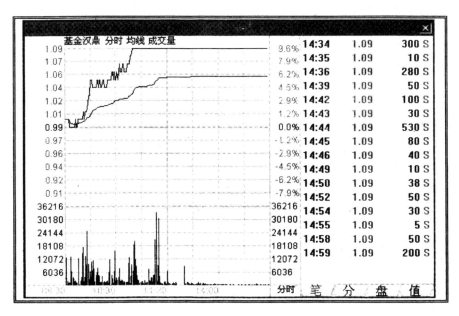

图 2-43　3 月 11 日基金汉鼎

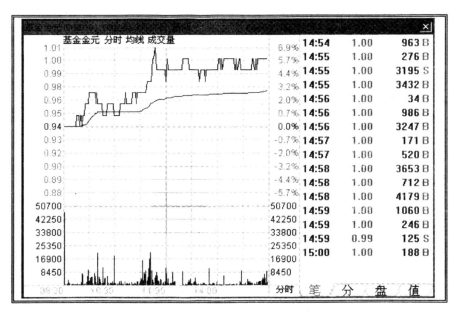

图 2-44　3 月 11 日基金汉鼎

只铁操作点评

◇ 不按照计划、随意性操作的毛病又犯了。原定计划卖出股
票，持有现金。当日却又满仓买进基金。

◇ 前面已指出了必须要用严格的纪律来约束自己的聪明。即
便是赚了钱，都是错误的操作！

◇ 心态的控制必须要靠自己去克服。

◇ 建议每次操作前先写好规范的投资计划书。

● **发表于 3 月 12 日 17：37：19**

大盘分析

大盘调整过后的热点仍会在深圳本地股中，密切关注这一
板块。

操盘手记

➤ 以 1.12 元卖出基金汉鼎。

➤ 0.97 元卖出基金金元。

➤ 5.84 元买进青山纸业 10000 股。

➤ 持有现金 33.2 万元。

账户市值

➤ 39 万元。

实战收益

➤ 94%。

本日总结

根据今天开盘半小时的分时图走势，我知道调整开始了，

基金卖出价位不太理想，是因为我想看看基金板块和大盘有没有背离走势。青山纸业买得冲动，虽然控制了仓位，但这种随手操作的老毛病又犯了，明知道大盘要调整，还买这只股票的第二个涨停价。这种控制情绪的能力不提高，永远无法成为专业高手。

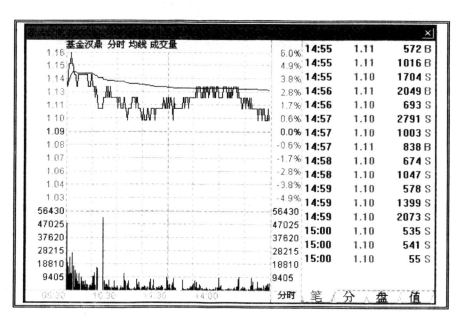

图 2-45　3 月 12 日基金汉鼎

操作的质量远远重要于操作的数量

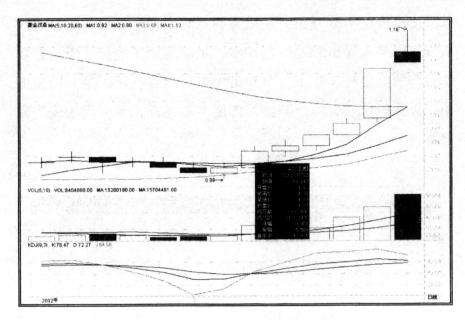

图 2-46　3 月 12 日基金汉鼎

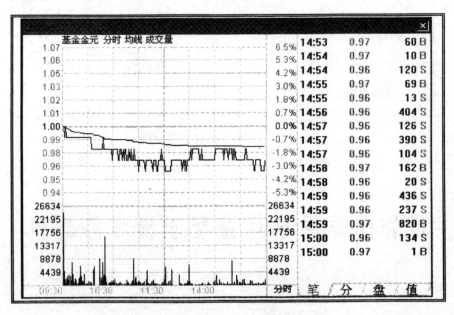

图 2-47　3 月 12 日基金金元

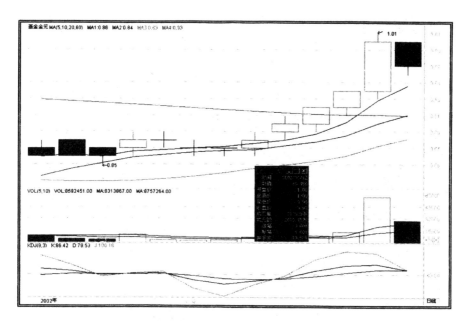

图 2-48　3 月 12 日基金金元

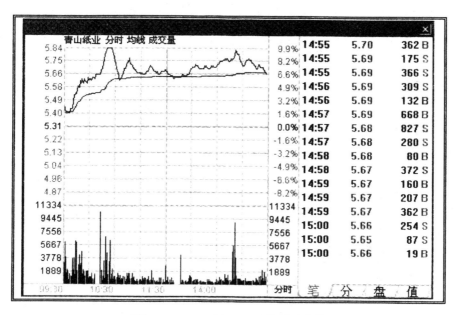

图 2-49　3 月 12 日青山纸业

只铁操作点评

◇ 在买进 600103 青山纸业上技术依据有破绽，短期技术指
　　标较高，随意操作的习惯还需要改掉！

◇ 短线追涨应力求避免将资金暴露在风险之下，只铁战法强
　　调在首次放量上攻、三日均线带量上扬时介入。

◇ 这次在资金管理环节上有进步！

● **发表于 3 月 13 日 17：19：34**

大盘分析

本轮行情的性质，我认为是中级反弹，从时间和幅度来看，
基本上差不多了，现在的舆论都认为回调有利于后市，但我感觉
短期大盘已经见顶，不会有新高出现，高位可能会有些震荡。其
实对职业投资者来说，无论是见顶还是回调，这两天都应该以空
仓为主。以前每次赚钱后因为随意操作，很快就把利润还给市场，
不解决这个关键的技术问题，永远无法成为这个市场的赢家。

操盘手记

➤ 以 5.55 元卖出 600103 青山纸业 10000 股。

账户市值

➤ 38.8 万元。

实战收益

➤ 93%。

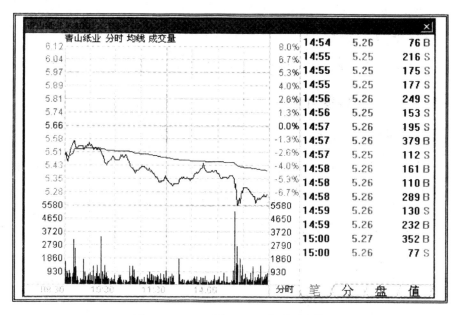

图 2-50 3 月 13 日青山纸业

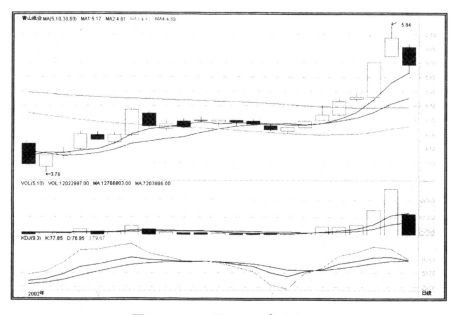

图 2-51 3 月 13 日青山纸业

只铁操作点评

◇ 600103 青山纸业短线卖点的把握基本正确。该股前一日冲高回落，当日低开幅度不小，拉高后无力站上前一日收盘价，其短线走弱已经成为定局，不参与调整。

- 发表于 3 月 14 日 15：34：09

操盘手记

➤ 以 12.76 买进 000921 科龙电器 30200 股。

账户市值

➤ 38.6 万元。

实战收益

➤ 92%。

本日总结

对后市的判断是一回事，操作又是一回事，一切应以交易系统为准，我现在已逐步以反应性操作代替以前的预测性操作，只要大盘还处在强市，运行平稳，判断至少还能上涨两天，对出现的板块热点和强势个股就可以大胆出击，严格按照自己的交易系统来操作。和以前不同的是，只要大盘出现调整，不管是回档还是回落，我都坚决回避，不再做和大盘走势背离的个股，操作绝对是以大盘安全为前提，这样我的操作系统成功率才会大大地提高。

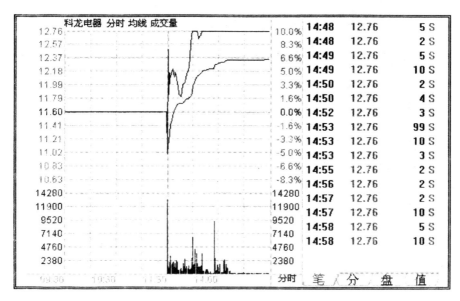

图 2-52　3 月 14 日科龙电器

只铁操作点评

◇ 科龙电器买进操作及时，符合《短线英雄》中"低开长阳"的经典方法。

◇ 对交易系统的认识也比较深刻。"一切应以交易系统为准，我现在已逐步以反应性操作代替以前的预测性操作。"

◇ 超短线操作的精华就是要回避短线调整的风险，坚决出击热点板块和热点个股。

● 发表于 3 月 15 日 18：01：04

大盘分析

对大盘的看法，我认为不乐观，今天的大跌是对顶部的再次确认，如果没有浦发银行和深发展等指标股的上涨，指数实际上已经跌破了 10 日均线，技术形态已经相当难看，主流资金出局的意愿相当明显，今后的操作要小心小心再小心，绝不能再犯以前犯过的错误。

操盘手记

➢ 以 13.79 元卖出科龙电器 30200 股。

➢ 当日空仓，持有现金 41.5 万元。

实战收益

➢ 107%。

本日总结

在行情上涨初期，要敢于买进最早涨停的强势股；而在涨势末期，要尽量上午不买股票，以回避大盘当日变盘的风险。这轮上涨行情之所以能取得较好的收益，主要得益于有效地避过了每次调整，保住了利润。

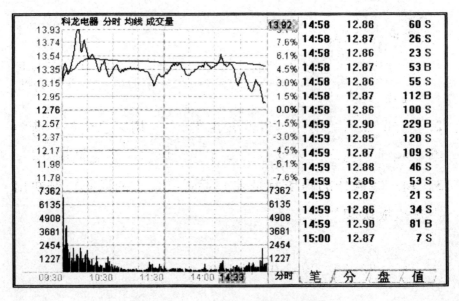

图 2-53　3 月 15 日科龙电器

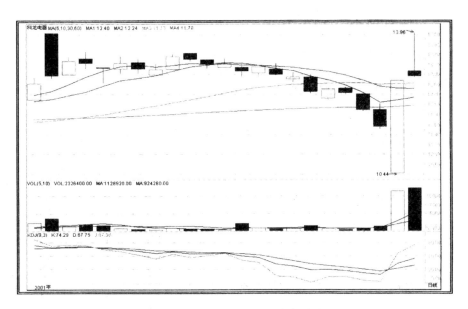

图 2-54　3 月 15 日科龙电器

只铁操作点评

◇ 你现在所用的实战操作系统与在单边上升通道持股是两个
　不同的交易风格和交易系统。

◇ 根据大盘和个股不同的阶段，只要采取合适的交易系统，
　并严格实施操作，都一样能取得成功。

• **发表于 3 月 18 日 17:23:57**

操盘手记

➢ 以 10.56 元买入 6001 12 长征电器 5000 股。

➢ 以 4.52 元买入 600350 山东基建 20000 股。山东基建下午
　明显有资金介入，少量跟进。

➢ 持有现金 27.1 万元。

账面市值

➢ 41.2 万元。

实战收益

➢ 105%。

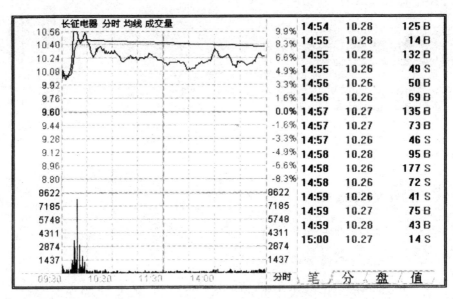

图 2-55　3 月 18 日长征电器

企图抓住每一匹黑马

是一种高级智障！

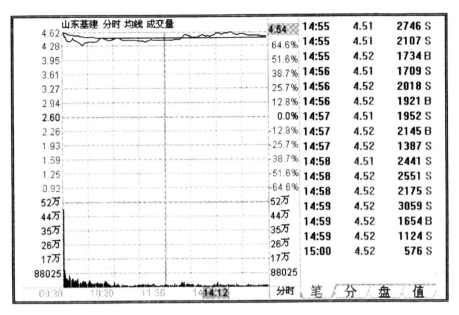

图 2-56 3 月 18 日山东基建

只铁操作点评

◇ 长征电器日线、周线技术状态有些偏高，短期指标与走势
有背离迹象，有短期回调压力，当日买入追高意味较浓。

◇ 山东基建的买点有些勉强，但定价合适，有一定短线
机会。

◇ 这两只股票均不属于热点，因此，当日操作有悖于你原来
的操作风格。

◇ 虽然这段时间你操作比较成功，但需要尽快完善自己的实
战交易系统，把握属于你的市场机会。

● **发表于 3 月 19 日 16:03:05**

操盘手记

➤ 以 10.2 元卖出长征电器 5000 股。

➤ 以 4.61 元卖出山东基建 20000 股。

➤ 以 13.98 买入宝光股份 29400 股。

账户市值

➤ 43.1 万元。

实战收益

➤ 115%。

本日总结

长征电器操作失败，开盘卖出。上午热点不明显，因此山东基建卖得不好。下午热点板块显现，全仓买进一直关注的宝光股份。资金管理作为三大投资要素之一，我一直认识不深，最近我就在反复思考这个问题，我认为在自己状态不佳、对行情把握不大或连续赢利过于兴奋时，都可以适当减少交易规模的形式来回避可能出现的交易亏损，使自己账户的资金市值始终处于一个大涨小回的良性状态，对中小型资金管理方面的技巧今后必须不断地思考和完善。

同时我也认为像长征电器这种小亏损从某个方面来说是有益的，至少可以提醒我不被胜利冲昏头脑，把控制和回避风险放在第一位。出击热点板块是我主要的赢利模式，如果只照这种方式操作，我应该是大赚小亏，这一点是在我参加军校擂台赛之后才理清的思路。当然如果没有只铁先生的点化，我可能还要走很长一段弯路。今后的操作明显变得简单多了，没有板块热点不出手，出手只做最强的股票。

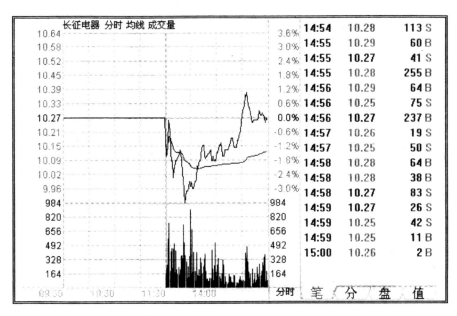

图 2-57 3月 19 日长征电器

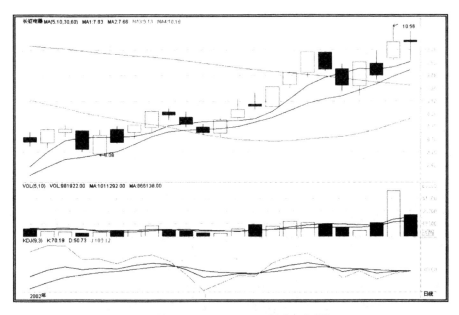

图 2-58 3月 19 日长征电器

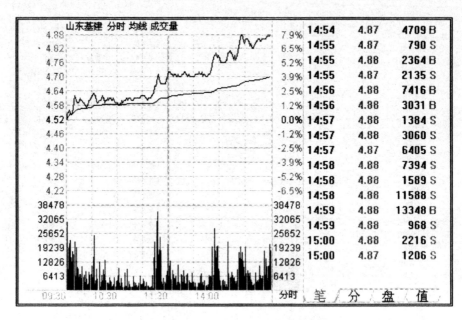

图 2-59　3 月 19 日山东基建

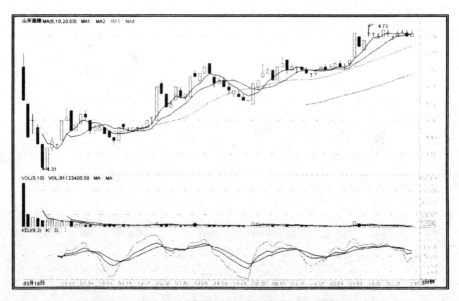

图 2-60　3 月 19 日山东基建 5 分钟 K 线图

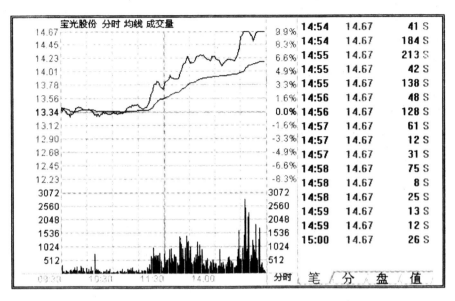

图 2-61　3 月 19 日宝光股份

只铁操作点评

◇ "出击热点板块是我主要的赢利模式"，祝贺你找到了适合
于自己的操作方法与交易系统。

◇ 我始终觉得你的交易系统还有待完善，有的时候是凭盘口
感觉卖出的。应该严格按照技术系统去定量化规范买卖
点，如 600350 山东基建的卖出。

◇ 宝光股份操作很成功，也符合你的交易系统与风格。因为
宝光股份是新股、次新股的龙头，当日再次放量上攻，介
入点选择较好。

◇ 建议学会耐心空仓等待最佳机会的出现，而不是盘中不停
地换股频繁操作，主要还是心态上存在一些问题。

● 发表于：3 月 20 日 15∶52∶38

操盘手记

➢ 以 15.85 元卖出宝光股份 29400 股。

➢ 以 4.93 元买进梅雁股份 93407 股。

账面市值

➢ 46.6 万元。

实战收益

➢ 132%。

本日总结

资金市值大幅增长，操作状态非常好，交易也做得不错，争取在这轮行情中把账户市值做到 50 万元以上。

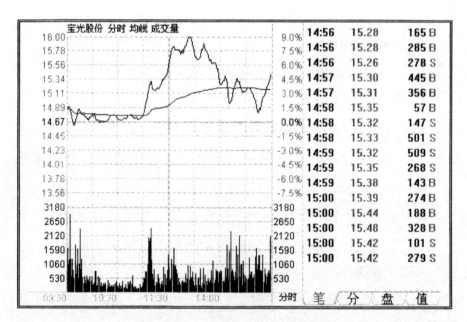

图 2-62　3 月 20 日宝光股份

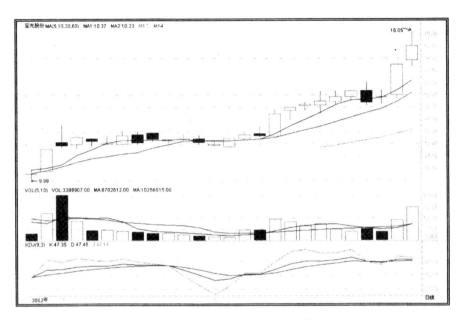

图 2-63　3 月 20 日宝光股份

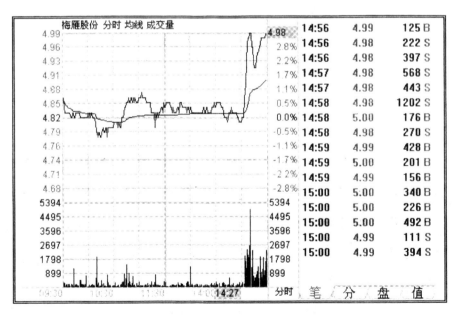

图 2-64　3 月 20 日梅雁股份

只铁操作点评

◇ 宝光股份的卖点选得不错，及时保存胜利果实。

◇ 当日生物医药板块有所异动，你能及时跟进，虽然说没有
介入领涨龙头股票，但也说明追逐热点个股、热点板块的
看盘功夫不错！

● 发表于 3 月 21 日 15:54:23

操盘手记

➤ 以 4.94 元卖出 600868 梅雁股份。

账户市值

➤ 46.1 万元。

实战收益

➤ 130%。

本日总结

大涨后的震荡行情不易把握，操作上还是应以谨慎为主，这
两天有点交易过度的倾向，值得警惕。不会空仓，水平不可能再
上台阶。

**刻苦训练、深刻领悟、忍受常人不能忍受
的痛苦，是成为专业短线高手的唯一途径，除
此之外绝对没有第二种方法**

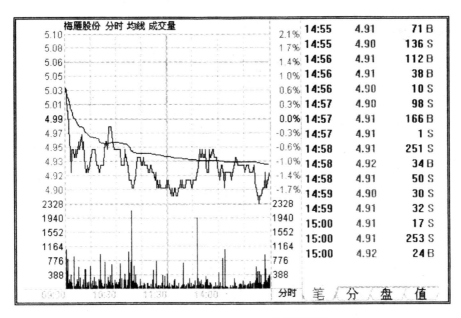

图 2-65　3 月 21 日梅雁股份

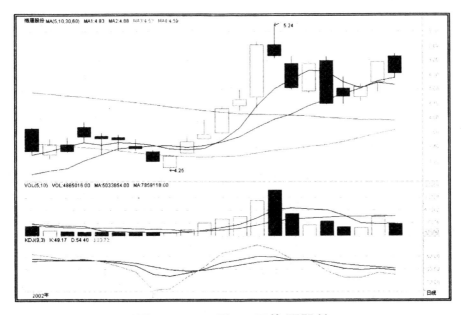

图 2-66　3 月 21 日梅雁股份

只铁操作点评

◇ 两个多月来不停地频繁操作，终于想休息了。趁此机会，好好总结，进一步完善你的实战交易系统。随着你的资金逐渐增大，在资金管理上应该多下功夫。

注： 王元昊资料截至 3 月 21 日。

第3章 专业训练 铸就成功

在只铁实战军校，除了实战擂台赛，战士们所进行的最基本的训练内容就是手工抄写五遍《短线英雄》，每抄写一遍写一次心得体会。这项训练的目的在于加深对基本概念和基础理论知识的理解和记忆，并在这个过程中磨炼战士的意志。通过抄写，同学们才发现抄书与看书原来有很大的差别。看似知道的东西，在抄过之后，才发现自己并没有真正理解和掌握。对基本概念和基础理论知识还没能很好地消化吸收，实战的胜利又从何谈起？做任何事都不要忘记万丈高楼平地起，基础是最重要的，好高骛远只会一事无成。

非常可贵的是朱宇科同学，他在抄写的过程中将《短线英雄》的内容归纳总结为了165个问题，发表在军校中，无私地帮助大家共同提高，问题的答案都存在于《短线英雄》《铁血短线》书中的各个角落，现在也一并奉献给读者。

《短线英雄》 理论篇知识问答 99 问

1. 临盘实战操作的基础是什么？

2. 对于专业短线高手的正规训练要求是什么？

3. 训练专业短线高手包括哪两个方面的苛刻训练内容？

4. 什么是看对？

5. 看对与做对的辩证关系是什么？

6. 看对的概念具体包括哪几个方面的内容？

7. 能够展开正确操作的第一前提是什么？对专业短线选手来说具体又包括哪几方面？

8. 当日走势看对，其中最为重要的是哪两个方面？

9. 对大盘当日以及 10 天以内走势研判的正确率要求是多少？对目标个股后续短线走势的正确率要求又是多少？

10. 能将对大盘 10 天以内走势研判的正确率达到 80% 以上，这对专业选手的意义是什么？

11. 个股短、中线技术态势包括哪几方面内容？如何定量划分？

12. 大盘与个股行情力度从哪几方面判定？其实战意义是什么？

13. 对于大盘与个股行进速度的快慢可以从哪些方面进行衡量？具体又如何定量研判？专业短线选手对哪类个股孜孜以求？

14. 大盘或个股买卖交投的活跃程度用什么来表明？

15. 成交量的大小可以从哪两个方面较好地进行横向和纵向衡量？

16. 实战操作战绩要求从哪几个方面去衡量？如何定量划分？

17. 专业选手与偶然凭运气随机获利的业余选手的最根本区别是什么？通过什么来准确反映出这一根本特征？

18. 专业选手在错过了最佳买进时机后会如何行动？如何克服错失战机后的急躁、懊恼、失控的情绪？

19. 衡量专业短线高手卖点质量高低的最起码标准是什么？更加严格的标准又是什么？

20. 短线操作对买卖点的要求是什么？

21. 短线操作的目的是什么？一只股票的攻击力消失后短线操作的原则是什么？

22. 短线操作的保护措施有哪几种？各在什么前提下展开？成功概率又分别需要达到多少？

23. 投资者由业余向专业晋级的最大障碍是什么？

24. 股票投资的实质是什么？

25. 短线操作的实战原则有哪几方面？实战中分别需要避免什么？

26. 实战操作可以选择的进场以及出场点位可分为几种？

27. 专业短线高手的最高进场与出场原则是什么？

28. 专业短线高手的最重要基本功是什么？

29. 心态控制的四个方面具体内容是什么？

30. 顶尖高手较量的是什么？

31. 实战分析研判和临盘操作水准提高的关键是什么？

32. 对股价运动规律与市场主力控盘手法的娴熟掌握包括哪几方面的内容？具体的标准是什么？

33. 展开职业化快速操作的第一前提是什么？

34. 专业短线高手必须具备什么能力？

35. 衡量专业短线选手好坏与操作对错的标准是什么？这样衡量的目的是什么？

36. 在什么情况下展开短线操作？（大盘、个股、资金压力）

37. 在大盘处于何种态势之中短线操作战术才是专业选手的首选？其他态势中应该采取何种战术？

38. 对于个股攻击中的调整以及调整中的攻击，专业选手如何处理？

39. 顶尖高手的短线概念是什么？

40. 短线操作适应的资金级别是什么？对于大资金来说，短线操作的限制体现在哪几个方面？

41. 大资金与小资金进出的概念有何不同？

42. 资金使用总的原则是什么？满仓与分仓操作实战限定的定量标准是什么？分仓具体可分为哪两种？

43. 专业选手的获利标准是什么？

44. 专业选手与业余选手的本质区别是什么？

45. 专业选手如何衡量看对与做对的辩证关系？

46. 任何技术方法使用效果的好坏都与什么因素有绝对的关系？

47. 在投资中我们能与不能控制的因素分别是什么？

48. 专业选手如何用规范的专业化次序在几分钟之内判断大盘的强弱？其具体的定量标准是什么？

49. 如何判断当日是否具备短线获利机会？具体的定量标准

是什么？

50. 专业选手最为重要的资金管理和实战操作进出原则是什么？

51. 快速准确看盘的关键是什么？最好的专业看盘方法是什么？

52. 采用何种操作战术的前提条件是什么？

53. 保证投资安全和最大限度获利的关键是什么？

54. 实战操作质量好坏的关键是什么？

55. 什么是看盘？看盘的本质是什么？

56. 市场的四大要素是什么？

57. 看盘发现获利机会和回避风险的关键是什么？

58. 价格的变动情况通过什么功能能够以最快的速度得到了解？涨幅排列在前与跌幅排列在前的市场实质是什么？

59. 成交量的变动情况通过什么功能能够以最快的速度得到了解？量比排列在前与排列在后的市场实质是什么？

60. 综合指标排名榜的别称与作用是什么？

61. 什么叫黑马？

62. 黑马股只静态图表的条件框定依据是什么？

63. 市场主力建仓的方式有哪几种？大黑马股只主力持有流通筹码的比例最起码为多少？

64. 大黑马股只的日K线图表特征是什么？

65. 翻倍黑马的条件框定依据是什么？

66. 黑马股只的动态盘面特征以及第一时间同步捕捉技巧是什么？出现误判的鉴定标准是什么？出现失误后实战的处理方法

是什么？

67. 实战中盘口常见的量价异动有哪些？其具体的市场意义是什么？

68. 短线操作所依据的技术系统为哪些？实战中使用的常规法则是什么？专业选手如何提高确认技术系统的信号质量？

69. 超级短线高手实战中重点使用的技术系统为哪些？目的是什么？

70. 不同的短线技术系统作用的时间效力分别为多少？

71. 短线的基本概念是什么？

72. 什么是追涨？追涨与追高的区别是什么？追涨在短线实战操作中的好处是什么？

73. 什么是杀跌？杀跌与杀低的区别是什么？杀跌在短线实战操作中的好处是什么？

74. 左侧交易与右侧交易的具体概念分别是什么？

75. 追涨、低吸、高抛、杀跌战术展开条件的具体定量标准分别是什么？追涨战术失败后的处理方式有哪几种？

76. 投资的根本目的是什么？

77. 专业短线高手眼中的短线与长线的概念是什么？两者的辩证关系是什么？

78. 常规短线战法（两种），特别短线技法、超级短线杀着的实战具体限定条件是什么？

79. 检验操作方法好坏的唯一标准是什么？

80. 区别专业水平与业余水平的第一前提是什么？

81. 短线实战获取成功的关键是什么？

82. 实战操作能力的形成通过何种方式才能得到？专业短线高手对自己进行的严酷而系统训练的具体内容包括哪几方面？

83. 训练专业短线高手的第一要件是什么？

84. 人性的弱点在实战中具体体现为哪几点？

85. 如何克服不分情况地对操作行为苛求完美？

86. 专业选手如何正确面对成功与失败的操作？

87. 专业高手永远是与什么因素在不断地战斗？

88. 专业高手如何正确看待自己与市场以及市场主力的关系？

89. 专业短线高手存在的最重要价值是什么？

90. 分析、研判各种不同的即时走势图形时必须注意哪些原则？

91. 图表系统中什么因素直接制约着对该股即时走势所产生的波动的判定？

92. 经典波动走势背诵时必须牢牢记住哪四个关键要素？

93. 经典攻击买进图例以及典型逃跑卖出图例具体内容有哪些？

94. 沙盘战斗的演练方式有几种？具体训练时分别该如何做？

95. 真正的专业短线高手的境界具体体现是什么？

96. 王者风范具体体现在什么方面？

97. 成为专业短线高手的唯一途径是什么？

98. 形成专业化条件反射操作本领的关键是什么？

99. 区分专业选手与业余选手的最明显标志是什么？

短线英雄实战篇知识问答 66 问

1. 大幅带量高开说明什么?(分为低位与高位)

2. 回调不破开盘价或昨收盘价说明什么市场意义?回调破开盘价或昨收盘价又说明什么?

3. 股价创新高说明什么?

4. 封停无量的市场含义是什么?

5. 盘中瞬间开停说明什么?

6. 小幅带量高开说明什么?(分为低位与高位)

7. 盘中攻击时股价围绕均价线反复震荡而量不萎缩说明什么?

8. 盘中攻击时股价反复震荡而不能坚决封停或封停勉强说明什么?

9. 平开冲高回落说明什么?低位放量封停说明什么?

10. 只铁戒律是什么?短线操作铁律是什么?

11. 实战投资家与股评分析家的区别是什么?

12. 看对与做对各属于什么范畴的问题?

13. 投资甚至人生的最高境界是什么?如何达成?

14. 什么是投资?

15. 投资方法与投资目的之间的真正关系是什么?

16. 投资高手与投资大师之间的差异是什么?

17. 股票投资中是什么包容了一切影响股票运动的内因和外因?真正的专业选手一般只研究哪方面的内容?

18. 弱市中哪几类个股是值得密切关注的对象?

19. 股价突破重要技术位后通常会有何种技术动作？该技术动作的目的是什么？如果没有说明什么？

20. 股票低位无量空跌说明什么市场意义？

21. 止跌 K 线组合的特征是什么？

22. 日线图表中多头攻击研判的三大要素是什么？

23. 低位短线上攻中尾盘的刻意打压意味着什么？对第二天的走势有何要求？

24. 如何从盘口判断主力已经加大了做盘的力度？

25. 洗盘与震仓在盘口中的区别是什么？极强势洗盘的特征是什么？

26. 一般股票向上攻击中的加仓在何时进行？

27. 日线图表中连创新高的连续阳线攻击表明了市场主力何种心态？

28. 向上攻击时成交量无法放大说明什么？（分为低位与高位）盘中如何操作？

29. 盘口如何区别主力是初级出货还是震仓？

30. 持有庄股如何判定持仓安全？

31. 市场主力解套前期头部（一般半年内）套牢盘并站稳，往上至少有多少空间？仓位上如何控制？

32. 市场主力放量过重要技术位前会有何技术动作？如果没有说明什么？

33. 放量涨停的股票第二天一般会有何种走势？

34. 所持股票盘中两次不能封停，实战中该如何操作？

35. 短线大黑马小级别洗盘的极限是什么？如何判别洗盘时

间的长短？

36. 巨量大幅震仓的股票后市一般会如何演变？

37. 面对主力的第一次轧空战术，实战中应该怎样操作？

38. 如何判定封停个股市场主力的实力？

39. 盘中开板如何判断主力是大力洗盘还是出货？

40. 主力尾盘封停的市场意义是什么？

41. 盘中攻击态势的轻松或者凝重表明什么？

42. 什么是大黑马？大黑马的图形特征是什么？

43. 主力试盘后的日 K 线特征是什么？

44. 主力为何在大盘暴跌中收集筹码？

45. 洗盘成功的价量标志是什么？

46. 向上或向下试盘时的堆量说明什么？主力对此会如何灵活对待？

47. 何种多头攻击盘口手法说明主力控筹不充分？主力要加大控盘力度该如何做？控盘后的盘口手法又有何特征？

48. 如何客观地辨别是放量洗盘还是出货？

49. 每次上涨都出现大单而下跌基本无量说明什么？

50. 毛毛虫走势说明什么？

51. 实战抢红包的前提是什么？实战中如何操作？

52. 调整分为对哪几大市场要素的调整？

53. 开盘就向上大角度推土机攻击后续会产生何种走势？其市场意义是什么？

54. 低开巨量长阳对主力的实力有何要求？

55. 推土机走势的安全性与什么有关？实战中如何处理？

56. 透支盘一般选择何时出局？为什么？

57. 技术指标的三大不可克服的理论缺陷是什么？会导致什么后果？

58. 为何说靠优化、修改参数不能解决技术指标的致命理论缺陷？

59. 股票市场的运动规律掩藏在哪里？

60. 暴跌中的股票低位放量说明什么？实战中该如何操作才能抢到安全的反弹？

61. 如何区别补仓性放量与攻击性放量？

62. 反弹力度的大小取决于什么？

63. 攻击中量能不足且股价不创新高意味着什么？实战中如何操作？

64. 证券投资活动是一种什么样的管理过程？管理活动有哪四大基本职能？管理活动包括哪几方面的内容？

65. 只要采取了怎样的保护措施便没有我们不敢操作的股票？

66. 交易软件与分析软件相比有何优势？

　

如果读者能熟练地回答上述问题，那么对《短线英雄》《铁血短线》内容知识的掌握应该是合格了。

作者在 1 月 15 日初级军校中发表了题为《为坚强的心灵喝彩，微笑着迎接黎明前的黑暗》的短文，以鼓励全校将士的学习战斗热情，激发士气。全文如下：

为坚强的心灵喝彩，微笑着迎接黎明前的黑暗

在我们365位初中级军校战士中，参加实战擂台大赛的战士，具有最坚强的心灵和意志力量，他们有着敢于直面自己失败和努力战胜自己心灵弱点的勇气和信心，我为他们喝彩！

同时我希望，每一个战士，无论是参加比赛还是观战的都要做到：

按规范化要求坚持训练下去。无论操作与否，每日不要间断战地日记的写作，这是专业晋级的必由之路！

任何灰心丧气都将使你在通往专业高手境界的道路上半途而废！

军校全体老师用心地关注着大家的进步、成长和超越！

只铁匆忙于深夜

以上的话，也正是我想告诉读者的。规范化训练是专业晋级的必由之路！不经过这样的训练永远难以具备获利的本领，永远难以达到真正的成功。只要能严格要求自己，长年累月地坚持训练下去，总有一天你会惊喜地发现自己已经不是原来的那个我！数量的积累最终必然导致质变。万里长征坚持下来的都是英雄！

前面两位同学的实战擂台赛资料，就是给读者的专业化训练

示范。从两位同学的参赛资料看，他们各有特色。朱宇科从分析到操作都做得非常规范，一丝不苟；王元昊在第一期的操作中盲目预测市场底部，耐不住寂寞，不会空仓，看错之后又不严格执行操作纪律，心存幻想，以至于出现大幅亏损的局面。而他在第二期的操作中注意牢牢把握住热点和强势个股，使资金在短期之内得以翻番。

在本书完稿前，第二期实战擂台赛终于落下帷幕。最终成绩，王元昊以 120% 的收益夺得擂主之位，朱宇科收益 5.74%。

其实作者在这里所看重和强调的，并非是他们的成绩，而是他们的精神、意志和信心，是专业化训练的方法。因为成败只能说明一时，意志才能决定一生。

朱宇科在第二期比赛结束后所得出的感想是：终于明白战胜自己是英雄以及"客观、客观、再客观"的道理，再接再厉，直到成功！

看到这里，作者心里充满感动，哪个老师不愿意有这样的学生呢？虽然目前的成绩差了一点，但他有这样的意志、态度和决心，他就已经具备了成功的重要前提，这就是最宝贵的财富！只要能持之以恒，还有什么困难是不能克服的？还有什么能阻挡他的成功呢？

在这里我想告诉读者的是，只要你能坚持不懈地进行这样规范的专业化训练，成功对你来说仅仅只是时间的问题了！

再一次将这句话赠送给大家，以共勉：

有志者事竟成，百二秦川终属楚；

苦心人天不负，三千越甲可吞吴！

王元昊：60 天大赚 120% 的绝招

作者按：《金融投资报》在得知王元昊因参加只铁实战军校训练取得飞速进步后，主动向他约稿。王元昊因此发表题为《60 天大赚 120% 的绝招》一文，这也是他参加两期擂台赛的感想。为帮助广大读者提高实战水平，现全文转载如下。

——转自《金融投资报》

我参加只铁实战军校中专门进行实战操作训练的实盘擂台赛。在 1 月份第一期擂台赛中，一个月内从开始 28 万元，一下子就亏损 24%，资金仅剩余额 20.5 万元。但从第二期开始，资金卡上的资金，迅速止跌回升，强劲反弹。在 2 至 3 月份的两个月内，获利 120%，3 个月的交易总金额达 1300 万元。

综观自己 1 月份的操作，在大盘加速下跌过程中，曾 5.90 元满仓买进康达尔，7.80 元买进东北药，6.26 元买进 ST 棱光，5.30 元买进 ST 银山，3.20 买进 ST 宏业，2.88 元买进 ST 幸福，频繁地满仓进出操作，导致亏损 24%。由于出现大幅亏损，面对众多擂台赛观战的目光，心理压力巨大，一度使自己几乎没有继续公布操作成绩的勇气，情绪也十分低落，已到了心灰意冷的境地。幸亏只铁先生及时指点，他鼓励我："以冷静的心态寻找操作失误的详尽原因，坚持下去、坚定不移地按照规范化的要求操作执行。你有这样的勇气就已经超越了绝大部分的人！成功其实离你不远了！胜败说明一时，意志决定一生。"

操作的惨痛教训

总结 1 月份自己在第一期擂台赛操作的惨痛教训：

◇ 一是在下跌通道中耐不住寂寞，不会空仓。

◇ 二是抢反弹操作失手后，没有严格执行纪律，迅速认错止损，心存幻想，盲目预测市场底部。

◇ 三是在反弹行情中过分追求赚钱速度，一再卖出强势个股。

◇ 四是除了心态问题外，对资金管理的重要性还没有深刻的认识，全部是满仓快进快出。

亏了 30% 后，在老师的点拨下才恍然醒悟，建立专业化投资思想是风险市场长久生存的根本，必须改掉自己随意性操作的毛病。

第二期擂台赛开始，我经过深刻反省和总结，将自己的操作方法定为短线出击热点板块和强势个股，具体战法又分为领涨战法、涨停板战法和补涨战术。

由于市场中的大资金主要流入的是超跌类个股，如 ST 板块（包括面临退市的股票）、绩差股等，因此，我将自己的操作目标主要就集中在这类股票上。于是在 2 月 4 日，涨停板 3.14 元满仓买进银广夏，27 日 4.88 元卖出，获利 60%。

随后又进行了一系列短线操作：

➤ 10.50 元买进兴业房产，11.64 元卖出；

➤ 5.04 元买进深宝安，5.24 元卖出；

➤ 11.60 元买进新黄浦，12.80 元卖出；

➤ 13.20 元买进中关村，13.75 元卖出；

➤ 4.52 元买进山东基建，4.61 元卖出；

➢ 13.98 元买进宝光股份，15.85 元卖出；

➢ 4.93 元买进梅雁股份，4.94 元卖出，等等。

我紧紧抓住市场热点和强势股票，快进快出。经常是在前一天买进，第二天冲高就卖出。同时又买进热门股票，资金高速运转，极大提高了资金投资效率。截至 3 月底，账面资金从 20.5 万元增长到 44.22 万元。

买卖点的选择

我在具体操作过程中买卖点的选择上，主要考虑以下几条要素：

◇ 底部有明显的量能堆积，选择的每只股票的月、周线技术状态位置均较低。

◇ 三日均线、三日均量线带量上扬，最好为首次放量。

◇ 日线或 60 分钟的技术指标放量金叉向上。

◇ 盘口必须有持续性放量，不断有大买单连续向上攻击。

◇ 除了满足以上条件的股票外，还必须是正处在目前热点板块刚启动之时的股票。

◇ 第二天一旦该股票走软，立即清仓，回避调整风险。

◇ 严格按照操作纪律，不抱任何幻想，获利了结，或者微亏就杀跌出局。

赢利原因总结

对于第一期比赛亏 24%、第二期盈利超过 100%，说实话，我也感到意外。朋友们都说我好像遇到了贵人，因为这次的赚钱速度也是我 8 年炒股生涯中最快的一次，其中的原因我想有以下几点：

◇ 从业余的随意操作状态（什么钱都想赚，什么机会都想出击）慢慢过渡到在只铁专业投资思想体系指导下的专业化

系统操作中来。把操作系统放在投资过程的首位，赚自己
该赚的钱，把握属于自己的机会。

◇ 多年的市场经验使自己对市场热点比较敏感，结合只铁战
法中只做第一、只做热点中的焦点的投资理念，形成了适
合自己风格的操作系统。紧紧抓住热点板块，只做热点板
块里的强势股。

◇ 根据老师提供的专业训练方法，多看、多记、多背、多想、
多思考强势个股的分时震荡图，在具体买卖点的选择上有
了很大的提高，在实战中运用中发挥了巨大的威力，赢利
的速度之快连自己都感到惊奇。

◇ 实战擂台赛是一个提高水平的很好的训练方式，可以使人
正视自己和面对自己的错误，然后彻底领悟。

◇ 具体涉及技术层面，就是如何把握热点板块与操作。首先，
认清主流热点，只在主流热点板块操作，与主力和谐，与
市场共振。其次，非主流热点板块的股票不看，非主流热
点板块的股票不买。最后，把自己的操作方法分为领涨战
法、涨停板战法和补涨战术，敢于出击非常态高速行进中
的个股。这其中心态控制把握最为关键，因为要承受资金
的巨大压力。

◇ 善于借势与借时。借势主要是指借大盘的强势展开短线操
作，在这种背景下的交易只是赚多赚少的区别，想亏都很
困难。而逆市交易如果没有这种势的配合，失误率高也是
显而易见的了。而借时是指在借大盘强势的基础上再借板
块的强势进行短线操作，同时包括借强势板块中的强势个
股进行操作（三强共振）。

比如 3 月 19 日我对宝光股份的操作，在确认大盘强势、板块强势后再寻找个股强势。宝光股份不仅当天盘面较强，在 k 线组合中也是此板块最强的，因此在操作中不必等待涨停就提前买入，第二天在大盘和板块继续强势的基础上耐心地等待好的卖点，完成隔日超过 10% 的交易。

超短线追涨操盘的必备条件

由于我的操作方法属于激进的超短线追涨，是一种激进的操作思路，不一定对每个投资者都适用。因为，它必须具备：

◇ 必须具备较高技术功底和积累丰富的看盘经验。短线频繁操作的买卖点比较关键，如果把握不好，反而容易导致净在给券商打工，说不定自己还亏损。

◇ 必须做到学会空仓，耐心等待机会的出现。只有这样，才能做到按照专业选手的思维，重点出击热点中的焦点，及时追逐热点。

◇ 对于资金量较大的投资者不一定适合。满仓全进全出的操作策略，对于中小资金较为适宜。

◇ 心态控制也非常关键。由于是超短线操作，骑上一匹黑马，中途被甩下，这是很正常的，不能因此而后悔，影响了心态。因为，每种操作方法均有优点和它自身不可克服的实战制约缺点，世上没有十全十美的投资方法。

◇ 在整个大盘反弹还未结束之前，从低位买进一路持股，到阶段性高点，也不失为一种稳健的操作方法。

只要每个人刻苦学习，勤加苦练，找到适合自己的操作方法，只操作自己能够认识和把握的市场机会，我坚信就一定能走向投资的成功之路。

附二

实战擂台赛开赛时的大盘背景

从 7 月 6 日"征战英雄"软件对大盘回调目标、安全度及风险度的提示，我们可以看到，在月线图上提示的回调目标位是 1341 点；周线图上提示的安全度在 0 以下；日线图上的风险度处于较高位置。综合研判，大盘处于一个较大级别的头部之中，出现较大幅度调整的可能性很大。1 月，大盘已经跌至 1600 多点，而且走势相当疲弱，还没有明确的见底信号出现，我们的实战擂台赛就在这个时候正式开始。

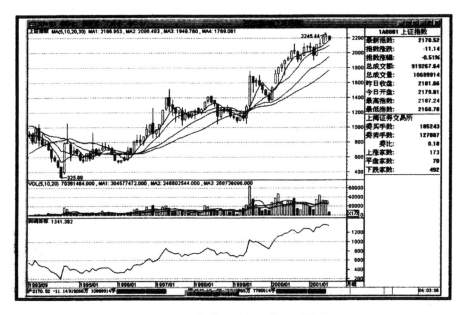

7 月 6 日大盘回调目标月线图

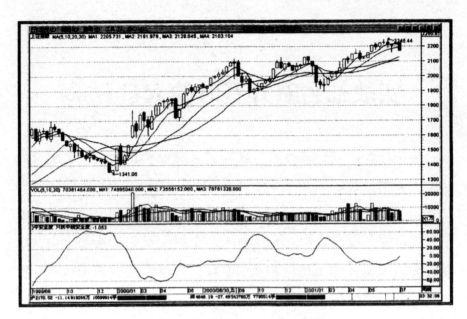

7月6日大盘安全度周线图

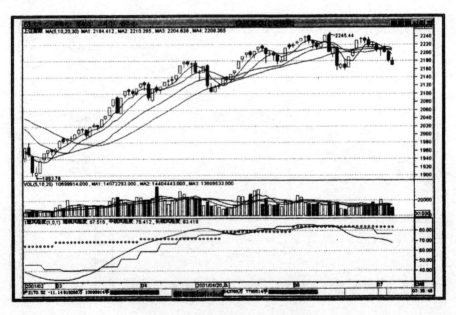

7月6日大盘风险度日线图